解码好校长

JIEMA HAO XIAOZHANG

杭州市中华职业教育社
腾讯大浙网
编著

浙江科学技术出版社

图书在版编目（CIP）数据

解码好校长 / 杭州市中华职业教育社，腾讯大浙网编著. — 杭州：浙江科学技术出版社，2015. 11

ISBN 978-7-5341-6947-2

Ⅰ. ①解… Ⅱ. ①杭… ②腾… Ⅲ. ①中等专业学校-校长-先进事迹-杭州市 Ⅳ. ①K825.46

中国版本图书馆CIP数据核字（2015）第257024号

解码好校长

杭州市中华职业教育社　腾讯大浙网　编著

出版发行　**浙江科学技术出版社**

地址：杭州市体育场路347号　邮政编码：310006

办公室电话：0571-85176593

销售部电话：0571-85176040

网址：www.zkpress.com

E-mail：zkpress@zkpress.com

排　　版　杭州兴邦电子印务有限公司

印　　刷　浙江新华印刷技术有限公司

经　　销　全国各地新华书店

开　本	889×1194　1/16	**印　张**	10.25
字　数	168 000		
版　次	2015年11月第1版	**印　次**	2015年11月第1次印刷
书　号	ISBN 978-7-5341-6947-2	**定　价**	58.00元

责任编辑　莫沈茗　何晓峋　　**责任校对**　安　婉

责任美编　孙　菁　　**责任印务**　田　文

序

Xu

在职业教育受到党中央、国务院高度重视的今天，我认为杭州市中华职业教育社联手腾讯大浙网开展“解码好校长”的活动意义非同寻常。由于历史发展的原因，一直以来，职业院校校长往往更注重学校品牌建设，而忽略自身形象的树立，很多优秀的职校校长由于太过低调，不为大众所知。通过“解码好校长”活动，让人们了解校长的办学理念、管理风格、个性特征，以及他们教育教学背后的故事，让更多人关心、理解、支持职业教育，让更多家庭有目的、有针对性地选择职业学校，也让更多的学生可以在他们喜欢的学校中学习、生活，并且找到更适合自己发展的方向。从这一点上来说，“解码好校长”不仅仅是个人的事，更是学校的事，也是整个职业教育的事。有一个好校长才会有一所好学校，有一群好校长才会有好的职业教育。

对于好校长，每个人心中都有一杆秤，似乎很难划定统一标准。职业院校与普通学校在“好校长”的标准上更有一些不同。以我个人的经验来看，职业院校的好校长首先应该是一个能认清自身使命，有坚定价值观并且勇于无私奉献的人；其次，职业学校的好校长应该是一个能规划全局、会科学管理并且长于知人善用的人；再次，职业学校的好校长应该不仅是一名优秀的教育工作者，而且更是一位懂经营的企业家，是一个能调动一切力量和资源以促进学校发展的社会活动家。他们海纳百川、追求理想；他们目标明确、意志坚定；他们上下协调、长袖善舞；他们为每一位教师和每一个学生创造最美好、最具人文情怀的校园；他们爱惜学校的声誉胜过爱惜自己的生命。或许他们不是完人，但他们一定是有温度、有情怀、有活力，具有独特风格的教育者和管理者，是受学生、家长、教师欢迎和肯定的，具有高尚情操的人。

翻阅书稿，具有这样优良特质的好校长扑面而来，有些很亲切，是很熟悉的老面孔，他们为职业教育操心、奉献了一辈子，走出了自己独有的管理道路，是杭州职业教育最为宝贵的财富；有些很年轻，是意气风发的新样子，他们有想法、能创新，不仅能仰望星空，也能脚踏大地，是杭州职业教育发展的希望。

2015 年对于杭州职业教育是不平常的一年，全市职教工作会议的召开、相关政策的出台，为杭州职业教育发展奠定了良好的基础，也为好校长的涌现搭建了最好的平台。本书限于篇幅，仅收录了中、高职 20 位好校长的故事，期待有更多的好校长让我们去发现、去记录。职业教育是开放的教育，心有多大，舞台就有多大，希望有更多的校长们，抓住机遇，迎难而上，不断成长，成为独树一帜的好校长，为杭州职业教育的发展和繁荣作出更大的贡献。

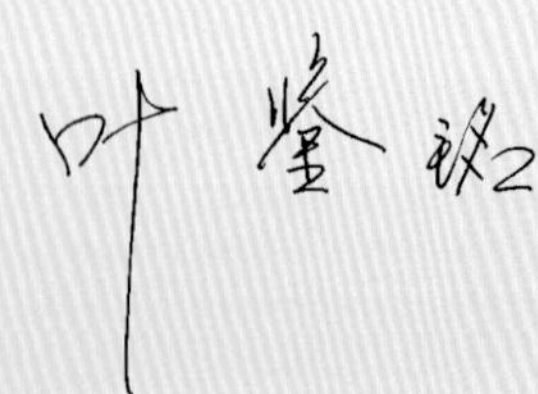

目录

Mulu

[谢列卫] 杭州科技职业技术学院院长
怀着教育的理想，追求理想的教育 …… 001

[贾文胜] 杭州职业技术学院院长
做最先感受水温的职业教育 …… 009

[洪致平] 浙江育英职业技术学院院长
高职教育在人的一生中仍然是基础教育 …… 016

[高志刚] 杭州市中策职业学校校长
职高培养廉价劳动力是死路一条 …… 027

[夏茂忠] 杭州市旅游职业学校校长
职业教育不能定格在培养技能 …… 034

[邵　阳] 杭州市电子信息职业学校校长
服务杭州经济，培养高素养的“大电职人” …… 042

[周宏米] 杭州市美术职业学校校长
做昂首挺胸的职教人 …… 050

[郑效其] 杭州市财经职业学校校长
墨守成规者败，锐意创新者胜 …… 057

[斯黎红] 杭州市人民职业学校校长
让职校生享受被肯定的美妙滋味 …… 065

[宋家明] 杭州艺术学校校长
让艺术特色与教育规律相融相生 …………………… 072

[桑坚信] 杭州建人高复学校创始人
为办学变卖祖屋 …………………………………… 080

[张德成] 杭州市西湖职业高级中学校长
为家乡娃铺一条希望之路 ………………………… 088

[孙利红] 杭州市萧山区第三中等职业学校校长
职业教育纸上谈来终觉浅 ………………………… 095

[许红平] 杭州市萧山区高级技工学校校长
职业教育改革之路任重道远 ……………………… 102

[王方鸣] 杭州市临平职业高级中校
让每个人都有人生出彩的机会 …………………… 111

[赵建强] 杭州市良渚职业高级中学校长
"心有猛虎，细嗅蔷薇"的好校长 ………………… 119

[丁卫东] 杭州市闲林职业高级中学校长
极目远眺的实干家 ………………………………… 126

[陆志松] 杭州市富阳区职业高级中学校长
适合的教育就是最好的教育 ……………………… 134

[何永刚] 杭州市富阳区职业教育中心校长
职教之梦在此扬帆 ………………………………… 142

[程本福] 临安市昌化职业高级中学校长
为了职教梦想做个拼命三郎 ……………………… 150

怀着教育的理想，追求理想的教育

◎杭州科技职业技术学院院长　谢列卫

在秀美的富春江畔，有一所正在快速成长的学校，她就是富阳的第一所大学，杭州科技职业技术学院（以下简称杭科院）。学校依山而建，水墨淡彩，建成至今已有六个年头。

进校采访之前，小编听说了一则有趣的故事。2015 年 4 月，2010 届广告设计专业毕业的情侣，特意从嘉兴赶回母校来拍婚纱照。学校保卫人员以前从来没有遇到过这种情况，看到一群人在小山坡上架设备、摆 pose，瞬间吸引了很多人围观，不免心生担忧，想请他们停止拍摄。正好路过的谢列卫校长及时“救场”说：“让他们拍，我们的学生，回学校来就是回娘家，在娘家拍个婚纱照，天经地义。”

一个让学生如此留恋的温馨校园，一位如此善解人意的校长，现在就让我们一起来听听杭科院谢校长的故事。

用一辈子
干好一件大事

谢列卫毕业于浙江工业大学机械工艺及自动化专业，毕业留校后他先后从事专业教师、教学管理、科研管理等工作，一干就是 17 年。2001 年，谢列卫调任到杭州市江干区担任副区长，负责基础教育等工作，这次又干了 10 年。

先基层、再政府的工作经历，让谢列卫能够从微观和宏观的角度充分审视教育的发展，既有日常教育管理的实战经验，又有对杭州市经济发展和教育发展现状的观察，更有对高等教育如何服务经济社会的理性思考。2013 年，谢列卫出任杭科院校长一职后，前 27 年工作经验的积累终于有了一个可以释放的天地，“觉得有条件去实打实地追逐自己的一个梦想——把我们的教育做得更有力量”。

陶行知教育思想一直是杭科院的重要精神渊薮。谢列卫来到杭科院后，认真研读了陶行知先生的相关著作，并反复思考推动学校的内涵建设和育人质量提升的方法，最终提出了“德业兼修，知行合一”的育人目标，明确了以职业生涯规划为主线，以社团建设、创业创新教育和社会实践为抓手，以完善学生学习、成长、发展支持服务体系为重点的育人思路，并总结出“素质教育与技能教育并重、课堂学习与实践运用并重、校内学习与校外学习并重、第一课堂和第二课堂并重”的“四并重”育人模式。

“培养什么人、怎样培养人”这个根本问题一解决，学校的发展方向和工作思路就都明确了。虽然杭科院建院仅 6 年，却在短短的时间内完成了规模化发展，露出了“后起之秀”的锋芒。根据浙江省教育评估院每年发布的《浙江省高校毕业生职业发展状况及人才培养质量调查报告》，2013 年杭科院综合排名位列浙江省内近 50 所高职院校的第 24 位，2014 年即上升到了第 15 位。

教育家陶行知先生曾说：“人生办一件大事来，做一件大事去。”谢列卫认为，教育就是一件值得他终身以求的大事。“一个人如果可以做着他喜欢的工作，并为之奋斗一生，这是非常幸运的事情，而我正在经历这样的幸福。”

好的教育
应该是一种唤醒

杭科院的学生都知道“校长请我喝杯茶”活动，每次活动学生都要通过学校的微信公众号抢一张入场券，这个备受学生欢迎的活动是谢列卫到学校后指导创办的第一个思政育人品牌。

“办好一所学校，知道学生需要什么非常重要。只有知道他们想‘吃’什么，我们才能做出适合他们、美味可口的‘食物’。”谢列卫说，“到学校后，我就

琢磨着开通一个渠道，让学校的管理者能够和学生面对面地沟通，真正了解现在的学生想要什么、在意什么、有何困惑。”

“校长请我喝杯茶”活动就在这样的形式下应运而生，如今已成功举办了17场，共208名同学参与了现场活动。为了不让活动流于形式，谢列卫一直要求承办活动的管理部门要不断跟踪学生的反馈，调整活动内容。从半年一次，慢慢发展到每月一次，从最初与学生喝茶聊天中了解学情，慢慢转变为在交流的同时收集学生的意见和建议。从2013年起，每期活动都会有一个主题，使学生能更好地参与话题讨论。2015年，这个活动推出了“3.0版”，完全从学生民主参与管理学校事务的角度出发来设计每期活动，并且结合学校官方微信、微博，线上线下一起进行推广，影响力也在进一步扩大。

每次活动结束后，谢列卫都会赠予参加此次活动的同学每人一个马克杯。这只杯子由学校艺术设计学院的学生设计并制作，杯身上印有陶行知先生的教育理想——爱满天下，这四个字也同样镌刻在杭科院的正门。

“学校希望所有的教职工都能以这样的情怀去践行陶行知先生的‘爱的教育’的理念，一个有爱的校园才能培养出懂爱的学生。”谢列卫说，“教师只有爱学生才算是真懂教育，而学生学会了爱自己、爱他人，才能培养起对社会的责任心和爱岗敬业的职业精神，而真正的教育应该是一种唤醒。”

高职教育要用
高质量赢得高人气

作为一所高职院校，杭科院要培养的是高素质技术技能型人才，这也是职业院校区别于普通本科院校的育人目标，而要在与普通本科院校和兄弟高职院校的办学竞争中赢得一席之地，学校一定要抓住现代职业教育的发展机遇，全面深化内涵建设，走特色创新之路。

谢列卫认为，习总书记在 2014 年的全国职业教育工作会议上提出的坚持“产教融合，校企合作，工学结合，知行合一”的 16 字方针代表了现代职业教育的发展趋势，“学校要做好‘产学融合’这篇大文章，与企业、产业结成发展共同体，实现专业设置与产业需求、课程内容与职业标准、教学过程与生产过程、毕业证书与职业资格证书、职业教育与终身学习等全方位的对接，共育人才，共同发展”。

2014 年 11 月，在谢列卫的大力倡导下，杭科院召开了专业发展五年规划专家论证会，邀请了杭州市委宣传部、市发改委、市经信委、市科委、市教育局等 9 家职能管理部门负责人来校“会诊”学校专业发展规划和建设思路。2015 年 3 月，由杭州市政府主办的首届市属高校与国有企业产学对接研讨会在杭科院召开，借着政府推动的东风，谢列卫带领学校打了一套漂亮的产学融合“组合拳”。

学校进一步深化与富阳区、建德市的战略合作关系，并先后与杭州市经信委、杭州市城乡建设委员会、杭州市商贸旅游集团有限公司建立战略合作关系。在 2015 年 8 月结束的杭州市职业教育工作会议上，谢列卫代表学校与大江东产业集聚区管委会签订战略合

作协议，今后双方将充分利用各自的资源和项目优势，在高职教育合作办学、高职人才培养、中高职衔接“3+2”专业建设、学习型产业集聚区建设、实习实训基地建设、职工终身教育培训基地建设，以及高技能人才交流等方面深入开展合作。

“产教融合会对学校的教科研产生深远的影响。”谢列卫表示，“今后行业、企业参与学校教学改革的程度会大幅提升，不仅仅是共建专业群、专业课程和实训基地，更重要的是在人才培养、科技研发等方面的深度合作，产学融合将推动校企良性互动的一体化发展，最终会有效地提升学校的育人质量。”

在2015年8月的招生中，杭科院共录取了152名已过本科线的考生，有一名学生的成绩甚至达到了一本线。有特色、有就业竞争力的高职品牌专业，正悄悄地从本科院校手里争取优质生源。“在这个大力发展现代职业教育的黄金时期，学校会坚持走产学融合的道路，用特色品牌和高质量育人成果来赢得社会的认可，让高职教育成为学生和家长的另一种主动选择。”

快问快答

1. 大浙教育：您平时有什么爱好？

答：我喜欢打乒乓球，打乒乓球既需要体力又需要技巧，可以很好地强健身体并释放压力。

2. 大浙教育：您最欣赏什么样的学生？

答：常怀好奇之心，愿意不断尝试的学生。

3. 大浙教育：您最喜欢的格言是什么?

答：陶行知先生说："千教万教教人求真，千学万学学做真人。""真"是教育的本质，"真"是为人的根本，"真"也是社会的期盼。

4. 大浙教育：如果只能给您的学生一条建议，您会对他们说什么?

答：找回信心、坚定信心、成就信心。要相信"天生我材必有用"，要以信心做底色，以本领为招牌，勇敢地去追求梦想。

5. 大浙教育：现在学生都喜欢玩手机，您怎么看?

答：一把利剑，可以杀敌也可以伤己，关键看怎么使用。自控力是个人发展最重要的品质。

6. 大浙教育：人生道路上对您影响最大的人是谁?

答：父母。父母的言传身教是和学校教育一样强大的力量。

7. 大浙教育：您在学校工作中经历的最难忘的事是什么?

答：毕业典礼结束看着学生起身离场，心里会很自豪。

8. 大浙教育：您怎么定义"成功"？

答：做一个幸福的人并能让身边的人幸福。

9. 大浙教育：您最烦恼的事是什么?

答：堵车。

10. 大浙教育：您最恐惧的事情是什么?

答：我最害怕的是自己知识老旧，跟不上时代发展的步伐。有关高职教育的新理论、新课题、新挑战那么多，需要长存"终日乾乾，夕惕若厉"之心，才能尽好校长的责任。

（本文作者　潘明雨）

学院简介

杭州科技职业技术学院是杭州市人民政府主办的一所普通高等职业院校，1999年12月开始筹建，2009年2月经浙江省人民政府批准、国家教育部备案正式建院。

学校与创办于1978年的杭州广播电视大学实行“两块牌子、一套班子”的管理体制。学校现有杭州城区、高桥、严州三个校区，总占地面积约56.7万平方米，总建筑面积约37万平方米。其中位于杭州富阳高教综合体内的高桥主校区，占地面积约47.3公顷，校园依山而建，水墨淡彩，功能齐全，宜学宜居，是目前浙江省内最漂亮的山水校园、生态校园之一。学院下设城市建设学院、信息工程学院、机电工程学院、艺术学院、工商学院、旅游学院、教育学院、严州学院、开放教育学院和公共教学部10个教学部门，设有城建类、电子信息类、机电类、艺术设计传媒类、经济管理类、旅游管理类、文化教育类大类专业群31个高职专业。

做最先感受水温的职业教育

◎杭州职业技术学院院长　贾文胜

融天地之精华
育上善学子

如果你是初次走进杭州职业技术学院（以下简称杭职院）的校园，偶然遇见贾院长，那么你一定难以将眼前文质彬彬的他与“院长”二字联系起来——干练的发型、半框眼镜和镜框后清澈的双眸，在典型的知识分子的外形下，“年轻”是我对贾文胜院长的第一印象。

贾文胜毕业于兰州大学，在距家 2000 多千米之外的大西北度过了最青春洋溢的大学时光。在多数人的印象中，兰州干燥、灰黄，兴许还有茫茫戈壁，而在贾文胜的眼里，兰州充满了斑驳的色彩。

“在兰州大学的四年，我的生活非常充实。”这位来自江南水乡的学子有着跌破众人眼镜的吃苦耐劳精神。他在学习上保持优异成绩的同时，还积极参与社团活动，作为班长的他还在校学生会担任要职。1998 年毕业之际，他手握羡煞旁人的履历，世界 500 强企业也向他抛出橄榄枝，可他却说：“我想做一名教师。”

最终，他选择供职杭州教育学院，“一方面想回到浙江，另一方面我喜欢知识分子聚集的氛围。”贾文胜接着说道，“但真正让我下定决心的，还是源自身为人民教师那种桃李满天下的自豪之感。”

在大学校长这个群体中，贾文胜显得格外年轻，但在杭职院，他则是一名不折不扣的“老人”。

2003 年，贾文胜来到杭职院，他从中层管理者起步，一路见证了杭职院 12 年来的兴衰起伏。在他看来，不同的时代和社会背景下，每一任院长都肩负着不同的历史使命，需要用历史和辨证的眼光去看待。

“第一任院长詹红军建设的

66.7 万平方米美丽校园，是杭职院发展的根本资源；次任院长洪永铿在危急存亡之秋的 21 世纪初，尽力保存住了学校的独立性；第三任院长叶鉴铭为学校的腾飞作出了巨大贡献，让杭职院进入了发展的高峰。”贾文胜总结道：“我的使命就是将更深厚的内涵注入这所学校中。”这个“内涵”可以简单地概括为“融惟职道，善举业德”八个字，即以“融”的核心理念走出职业教育的发展之路，培育上善学子，让每个学生获得人生出彩的机会。这八个字也正是杭职院的校训。

校企合作

高职要做下水的鸭子

校企合作被视为高职教育的生命力与活力，“没有深入的校企合作，也就没有真正意义上的职业教育”，这应该是所有职教人的共识。在很多同行眼中，杭职院创新实践的“校企共同体”模式成果颇丰，学校不仅拿到了国家级的教学成果一等奖，还为高职院校的校企合作提供了很多可借鉴的宝贵经验，参观

学习者络绎不绝。但在贾文胜看来，校企合作虽是杭职院的一块“金字招牌”，但与众多兄弟院校一样，校企合作的开展并非一帆风顺。

贾文胜回忆，2008 年，他和当时的叶鉴铭院长一起去拜访一位杭州知名上市公司的董事长，道明来意后，那位董事长反问道：“你们所说的校企合作，无非是五件事：一是钱，二是人，三是设备，四是学生顶岗实习，五是毕业生就业安置。可是，这里哪一件事对企业有利呢？”

这句话让贾文胜记忆犹新，“他一针见血，但实实在在地点醒了我们。”自此，一场关于校企合作的“头脑风暴”席卷杭职院，让所有杭职人重新思考：校企合作的目的究竟是什么？“我们的确需要企业、离不开企业，但并不是因为这些看得见的‘小利’。真正意义上的校企合作，是要以企业的生产实际引领教学，明确人才培养目标与人才规格，推进专业建设，实行工学结合。”贾文胜用“春江水暖鸭先知”的比喻，形象地解释了校企合作的本质，他说：“企业是水里的鸭子，而我们站在岸上。”

职业院校也许永远无法成为“水里的鸭子”,但却可以通过企业感知“水温”。自那以后,“校企共同体”这一概念在杭职院这片土地上落地生花。秉持着“校企合作双赢，以他赢为律”的理念，杭职院先后与区域主导产业的主流企业共建了友嘉机电学院、达利女装学院等 8 个校企共同体。

有两件事让贾文胜很是“得意”。一件是，中午在学校食堂就餐的人员中，企业员工能够占到近 30%，他们绝大多数是来自合作企业的能工巧匠，是学生

的实践导师；另一件是，学校3亿多元的设备总值中，企业设备占到6000多万元，虽然比例不大，但这些设备是实时更新、真正可用的。

贾文胜认为，培养经济社会转型升级、企业发展真正需要的无缝对接人才，是学校看不见的“大义”，而其他看得见的都是“小利”。于高职院校而言，校企合作一定要以“小利”谋“大义”。

贾文胜说，现在他能明显感受到杭职院校企合作方面的巨大变化。原来是“找企业合作难，企业爱理不理”，现在是“企业主动找上门来寻求合作”；原来是“校企合作流于形式，难以深入”，现在是“服装企业主动把产品研发中心搬到学校，制造类企业把投入上千万元的机床博物馆建到学校”，校企合作呈现出前所未有的良好局面。

2014年，杭职院的校企合作四面开花，浙江制造业的代表人物王水福所率领的西子航空就是其中之一。王水福与贾文胜见面不到一个月，就合作共建了西子航空工业学院，共同探索“现代学徒制”人才培养新模式。王水福说：“找杭职院合作是因为杭职院具备这样的理念和能力。”

“不要输在起跑线上”是个伪命题

贾文胜所拥有的人文教育背景，使得他与专业技术类院长不同，言语间流露着一丝感性。

在当下的中国经济转型过程中，职业教育扮演着不可替代的角色，国家和各级政府的重视，也给职业教育的发展提供了丰厚的土壤。而在“学而优则仕”传统观念的影响下，职业教育仍然被社会“歧视”，似乎只有成绩不好、家庭条件不好的学生才会“无奈”地选择职业院校。贾文胜并不讳言这个问题，他认为职业教育的发展有赖于政府更加重视，有赖于行业、企业更加自觉，有赖于

学校办学更加自主，有赖于家长、社会更加认同。

这份沉甸甸的使命感不仅源自贾文胜对职业教育的热爱，也源自他作为一校之长对学生深深的责任感。贾文胜深知，杭职院的每个学生乃至学生背后整个家庭的命运都与学校和他个人紧紧联系在一起。每年毕业季，他都坚持亲自给每个学生颁发毕业证书，将心比心，这就是母校对每一个毕业生的人文关怀。贾文胜说，他一年给3000个学生颁发证书，10年就是3万个，背后也就是3万个家庭。“如果我是学生，能从院长的手上接过毕业证书，我就会永远记住这个院长，永远记住这个学院，从此跟这个学院同呼吸、共命运。”与此同时，杭职院乃至职业教育的社会地位也会在无形中得到提升，这不仅是一种人性思维，更是对职业教育的一种使命感。

贾文胜希望，随着社会的发展和人们对职业教育的再认识，中国的职业教育能够迎来真正的春天。

面对学生，贾文胜时常告诉他们，成功并不取决于你是谁，而是取决于你想做什么。他总结说：“‘不要输在起跑线上’是个伪命题，成功的方法只有一个——找准方向，努力进发。”

快问快答

1. 大浙教育：有不良情绪时您如何排解？

答：运动。如走路、游泳。

2. 大浙教育：您平时有什么业余爱好吗？

答：书法，喜欢写写字。

3. 大浙教育：您现在最关注的教育领域是什么？

答：校企合作。只有这个问题破解好了，职业教育才会有明天。

4. 大浙教育：您最欣赏的学生或者是朋友身上有什么样的特质？

答：敬业乐群。

5. 大浙教育：您常对孩子说的一句话是什么？

答：做最好的自己！

6. 大浙教育：在过去的人生当中对您影响最大的人是谁？

答：父亲。我父亲这个人敢闯敢干！

7. 大浙教育：您最恐惧的是什么？

答：我认为一个人最恐惧的就是时光流逝，而脑海中却没有记忆。

（本文作者　朱永红　谢力　郭城轶）

学院简介

杭州职业技术学院是杭州市人民政府主办的普通全日制高等职业技术院校，其前身是杭州职工大学，学校于1998年筹建，2002年正式建立，现为浙江省示范性高职建设院校和国家骨干高职院校建设单位。

学院位于杭州市下沙大学城，毗邻杭州经济技术开发区，占地66.7万平方米。下设友嘉机电学院、金都管理学院、达利女装学院、临江学院、信息工程学院、新通国际学院、青年汽车学院、杭州动漫游戏学院8个二级学院，开设11个大类专业群34个专业。在校生近万人，教职工600余人。校内建有杭州市公共实训基地、杭州市经济技术开发区高职学生创业园等。

学院被评为全国高职高专人才培养工作水平评估优秀学校，教育部“两大平台”建设院校（数字化校园学习平台、高等职业教育专业建设与职业发展管理平台）。学院先后荣获全国黄炎培职业教育奖“优秀学校奖”，全国教育系统先进集体，国家级教学成果一等奖、二等奖。

高职教育在人的一生中仍然是基础教育

◎浙江育英职业技术学院院长　洪致平

浙江育英职业技术学院（以下简称育英学院）院长洪致平，在民办高职院校辛勤耕耘17年，一直神采奕奕地在职业教育的沃土上开拓、收获。

18岁时，顺应"知识青年上山下乡"的洪流，洪致平开始了8年务农生涯。他当过生产队队长，最多时负责过40万平方米土地的生产和200多人的起居饮食。

1972年，有两条路摆在洪致平面前：从政、从教。他的父亲是浙江大学教授，母亲是小学教师。也许源于家庭因素，当有机会站上讲台时，洪致平没有犹豫。

此后的43年，洪致平从小学校长、中学校长，一路成为大学校长。他说："一个人能够选择自己喜欢的事情，身心都会感到愉悦，就算痛苦，也会一直坚持。"兴趣与热爱是他从教40年幸福感的源泉，也是"一辈子充满活力朝气，拥有幸福心态"的能量来源。

洪致平对育英学院有着深厚的感情，他见证了育英学院在民办高职的路上从零开始，再从步履蹒跚到跨步前行。17年来，育英学院在他的带领下先后赢得全国先进社会组织、全国民办教育先进集体、中国民办高等教育优秀院校、浙江省文明单位和浙江省委授予的"先进基层党组织"等90余项集体荣誉，先后有50余所省内外高校来校参观。三任浙江省委书记相继到学院视察，并一致给予好评：

2003年，时任浙江省委书记的习近平评价学院："你们作为一所民办学校，办得不错，作为一所职业技术学院，办得不错，党建氛围不错。"

1999 年，时任浙江省委书记的张德江称：“社会力量办学，育英学院就是一种尝试，也是一种模式，没有花国家一分钱，效果是好的。”

2009 年，时任浙江省委书记的赵洪祝视察学院时说：“育英学院的办学理念是全新的，教学模式是成功的，育英的孩子们充满成就感。”

放弃铁饭碗
开始创业

洪致平踏入民办学校，始于乐清育英学校。1995 年，这所囊括了小学和初中的民办学校，被浙江省教科所称为新兴的教育形态。

1998 年，兴办高等学历文凭教育的专修学院获得许可。浙江省是全国民办教育大省，有志向从事民办教育的人纷纷涌向了这块试验田。

一次机遇，让洪致平从温州奔赴杭州，这一年，育英学院诞生了。在董事长黄纪云的决策下，当年完成校园基建、专业设置、教师招聘、宣传招生，秋季即开学。决断果决、迅速，更像是一场梦，从而也体现了温州人的魄力与效率。

洪致平对第一次参加教育厅专修学院负责人会议的情景至今记忆犹新。分管部门领导语重心长地说：“你们可都想好啊，办专修学校是你们选择的，如果哪一天办不下去了，我们可是见死不救的。”

这话看似绝情却很实在。脱离体制办学就意味着失去了保护伞，跟民营企业一样，要在市场经济的汪洋大海中逐浪，优胜劣汰，一旦进入，就没有退路。

面对风险，洪致平没有动摇。他认为院长的责任，就是要克服困难，把控体制外的风险，让学校生存下去，取得成功。

洪致平常说，“人心齐，泰山移”“办法总比困难多”。这两句话对于育英学院的师生来说，也是耳熟能详。办学 17 年，育英学院从第一年 361 名学生到如今的 7600 名学生，从 21 个教职员工到如今 390 多人的教师队伍，学院的社会认可度也在逐年提升，成为人民满意的学校。洪致平的目标是学院可持续发展，不断与时俱进。没有终点，只有不断地设定起点。

市场需要什么人才
就开设什么专业

学院要长久发展，就要设置好支撑学校发展的基础专业。

在社会三大产业中，农业、工业相对成熟且投资巨大。而在 2000 年，作为第三产业为主的现代服务业，还处于雏形阶段，在那时看来，不论是现代社会发展的方向还是育英的实际情况，都适合往服务业方面培养人才。洪致平自问：浙江乃至长三角区域的发展，最需要哪些行业的人才？他带领的学院领导班子思虑再三，从学院实际情况出发，决定着眼于区域经济的特点。从那时起，学院就定下目标，办学 15 年内专业设置坚持定位在现代服务业上。

洪致平在负责制订学院第一个十年发展规划中提出“立足杭州、面向浙江、融入长三角，为现代服务业培养应用型职业人才”的办学定位，抓住杭州产业结构发展来定制人才。

根据我国民航业的发展形势，2000 年 4 月，洪致平果断决定创办华东地区第一家培养大专层次空中乘务人员的空中乘务专业。之后的办学实践证明，这个决定对育英学院的发展具有重要意义。现在，空中乘务专业已经成为浙江省第一批特色专业和优势专业，学院也因此被誉为“空姐摇篮”，产生了广泛的社会影响。物业管理是现代城市建设发展中人们对居住环境与服务的必然要求；杭州会展业的发展，机场、地铁的建设，无疑使会展、安检人员的需求大增，于是会展专业、城市轨道交通与管理专业成为学院创办新专业的首选；而电子商务、文化创意产业、国际贸易等在杭州的迅猛发展，更为高职生就业乃至人生价值的实现提供了无限可能。因此，服务于这些行业的专业又成为学院专业的重要组成部分。

这些顺应社会发展潮流而兴办的高职专业，让学校实现了对社会的价值，也让学生实现了自己的价值。

让“被高考冷落的孩子”找到自信

“如果将在校学习的三年转化成 1000 天的话，就要求学生每天‘职业化’千分之一，那么在走出校门之际，学生也就完成了从大学生到职业人的蜕变。”2008 届物业管理专业的毕业生方赛虎在离开学校多年后，每当回想起大学生活，依然对当年入学时洪致平院长说过的话记忆犹新。他由衷地感慨："非常感谢育英的教育理念，它真正地帮助我们完成了一次蜕变。"

在外人眼中，进入高职院校的学生是被高考冷落的一批孩子，就连拿到录取通知书，都感觉没脸见人。学生进入育英学院的时候分数很低，那么就业时是否也会差人一等呢？在洪致平看来，不同的起跑线，相同的就业条件，注定了育英学院必须首先抓住大学这三年的培养关键——建立学生的自信心。"18 岁的青少年，内心积蓄着无穷的能量，民办高职院校更有责任让他们抬起头、挺起胸，走出校门、走向成功。"

如何通过三年的教育，全方位、全时空地完成学生的转变，让学生成为"全面发展的、具有优势品质与技能的合格职业人"呢？为此育英学院创设了一套系统的培养方法。育英学院的人才培养方案全都是按照工作过程来设计的。"两全、四结合"的培养模式是学生完成从大学生到职业人的转变，成长为全面发展的、具有优势品质与技能的合格职业人的保障。

在育人理念上，洪致平提出"关爱、引导、转化、激活"的育人方针，并通过"全方位、全时空"的系列实践，把这八字方针落到实处。2000 年洪致平兼任院党委书记时，就把党建工作作为激发学生自信心、引导学生进步的有力抓手。学院 90% 以上的学生主动要求入党，学生政治热情被激发，自信心得到提升。

虽然体育和艺术教育在学院教育质量评估指标中没有硬性要求，但洪致平十分重视。学生在全国、全省的体育与艺术赛事中也都取得了不菲的成绩，因为洪致平始终认为"体育是最好的学校""体育能最有效地培养学生自信心""艺术引导人追求美"。

研究型人才占 20%
应用型人才占 80%

说到大学生就业难，洪致平笑称：“这是对高等教育的一种讽刺。很多学生读了四年本科，再读研究生，却还不具备最基本的生存能力。大学教育怎么了？我们要反省高等教育，大学要培养学生适应社会的能力，大学生就业是大学教育的应有之果。”

洪致平认为，现代职业教育的发展是符合国民经济发展规律和人才成长规律的。就社会经济与人才结构而言，20% 是研究型人才，80% 是应用型人才，而我们的大学教育却将此颠倒，其实这不符合社会经济发展的需要。

2014 年 5 月，一则“600 多所地方本科高校将转型为应用技术型高校，推行职业教育”的消息热传，本科高校的这次转型让高职院校面临新的挑战。洪致平说：“以往，高职院校是绝对引领中职学校的，可现在本科院校开始转型，竞争将更为严峻。”

这几年来，洪致平一直在思考高职教育必须建立大职业教育观的问题。他认为，高职教育必须跟社会、行业、企业融合在一起，为行业、企业培养和培

训人才，为行业、企业进行技术服务和信息服务，这是未来整个职业教育发展的大趋势，也是职业教育的使命和价值，职业教育要面向整个社会群体，而不只是一部分人。他强调要跳出教育本身，从社会这个大系统的角度来认识职业教育。未来职业院校必须面向社会、融入社会，只有置身于行业、服务于行业，才能寻求到高职院校的发展空间，才能更好地实现高职院校的价值。他将育英学院的办学使命概括为“一个核心，三个服务”，即坚持以高素质应用型人才培养为核心，以技术服务产业发展，以培训服务人的终生学习，以文化服务社会的文明进步。

高职教育不是工具教育，仍然是基础教育

从职业的岗位需求出发，单纯地传授技能，这是很多人对职业教育片面的看法。用洪致平的话说：“高等职业教育就人的一生而言，仍然是基础教育。基础体现在哪里？做人和做事，特别是做人。”

高等职业教育的目的绝对不是就业的教育，也绝对不是工具教育，而是人的教育。人有全面发展的需求，从幼儿园到中学、到大学都在不断获取知识与能力，不断提高自己的认知与修养，不断增强社会实践的本领，而职业教育只是其中的一个阶段。

洪致平说：“本科教育也好，高职教育也好，高等教育就是要培养脚踏实地的人，‘就业’是高等教育培养人才的必然结果，是人社会生存的载体，但就业不能成为人生的目标，不能成为高等院校培养人才的目标。高等教育培养的对象是人，目前人类平均寿命按照 80 年算，高等教育只有 3 ～ 4 年，加上基础教育一共只有 15 年的时间，15 年在整个漫长的人生中，只能算是基础教育。”所以，职业教育要为人一生的价值追求和人生幸福奠基。从这样的观点出发，育英学院注重培养学生的道德品质和精神面貌，将立德树人作为教育的本位，在课程体系的设置上，除了专业技能和职业拓展课程外，还开设了公民素养课程和社会实践活动课程。

洪致平强调，品质是做人，技能是做事，任何一个成熟的企业，都希望招收有技能、有品质的员工。与其说育英学院要迎接一系列有形的挑战，不如说育英学院一直在默默努力搭建学生实现人生价值、追求人生幸福的平台。

快问快答

1. 大浙教育：近10年来，您认为浙江教育发生了哪些重要变化？

答：一是浙江经济社会的科学发展，为浙江高等教育大众化奠定了坚实基础，给民办教育创造了展现独特魅力的舞台；二是浙江省通过制度规范、调控引导、政策倾斜、指导服务等政策，促进民办教育规范、科学发展，令民办教育牢牢地立在质量的基石之上，成为浙江教育的重要组成部分；三是对民办教育采取扶持政策，并给予应有的关注，使民办教育的持续发展获得了基础性保障。

2. 大浙教育：17年的办学过程中，您觉得最大的收获是什么？

答：我们遵循教育规律和人的成长规律，坚持全面发展、优势发展战略，始终将人的发展作为办学的唯一追求，从实际出发，科学定位，秉承“厚德载物，自强不息”的校训精神，建设了一所能为学生全面发展提供基本条件的，完全意义上的民办高职院校，没有政府的财政拨款，为国家培养了2万余名合格毕业生，得到了社会认可。

3. 大浙教育：您认为近10年对民办教育影响最大的事件或政策是什么？

答：国家“十二五”教育发展规划纲要将浙江省确定为民办教育改革试点省，为浙江省从更高的意义上思考、规划、发展民办教育提供了难得的契机。这一“东风”，将使浙江的民办教育逐渐呈现“满园春色”的景象。我相信，国家对浙江的这份信任，能够使浙江发展民办教育的智慧惠及更广。

4. 大浙教育：17年办学过程中，给您印象最深刻的事是什么？

答：浙江三任省委书记到育英学院视察，这是育英学院最宝贵的精神财富。时任浙江省委书记的习近平、张德江、赵洪祝对浙江民办教育发展的高度关切和对我们工作的肯定，永远是我们办人民满意学校、全心全意服务于教师发展和学生成才的精神动力。

5. 大浙教育：这10年，您感觉民办教育发展的困难在哪里？

答：民办教育的发展同样取决于稳定的、高素质的教师队伍。站在办学者的角度考虑，民办教育发展的最大困难在于民办院校无法单纯依靠自身的力量，吸引并留住优秀教师。这需要政府通过宏观方面的改革，进行机制、制度等方面的根本性设计。

6. 大浙教育：17年的办学过程中，您的办学理念有变化吗？

答：经典的东西具有永久的生命力。办学的基本理念只要正确，就应该长期坚持。一所学校，尤其是大学，需要文化的积淀。而办学理念是学校文化的精髓，不能忽左忽右，摇摆不定。所以，我们坚持并坚信我们的“职业人”理念。当然，我们会在开放、与时俱进的状态下，不断丰富、深化理念。

7. 大浙教育：近10年，您觉得学生和社会对教育的要求有哪些变化？

答：共同的变化就是对高质量的素质教育的追求。高质量主要是能满足不同学生发展的渴望，并积淀、给予其不断发展的“潜质”；素质教育强调的是教育的个性化，让每个人按照自己的性格、兴趣成功发展，实现自己的社会价值并获得愉悦。为此，学校和教育者应该加紧努力。

8. 大浙教育：17年里，您觉得最值得骄傲的事是什么？

答：办学就是办专业。育英创办和建设了有特色、有影响、受社会欢迎的特色专业。全省第一个创办的空乘专业已成为品牌。育英的空姐、空少不仅翱翔于蓝天，且广泛分布在长三角乃至全国的高端服务岗位，成为高质量服务社会的美丽风景。学校赢得了学生和社会的尊重，是最大的骄傲。

9. 大浙教育：下一个10年，您觉得民办教育会朝着什么方向发展？

答：一是在规范化的指导下，沿着内涵建设方向规范、有效益的发展；二是成为浙江教育的有机构成，发挥体制、机制的优势，互补作用更突出；三是机制更灵活，影响更大，实现品牌发展。对外交流扩大，延伸领域、合作空间更广。

10. 大浙教育：接下来，学院发展的主要任务是什么？

答：学院发展到第三阶段，主要任务就是在继续坚持以高素质应用型人才培养为核心的同时，加强“三个服务”，即以技术服务产业发展，以培训服务人的终生学习，以文化服务社会的文明进步。

（本文作者　郭媛贞　张中新　刘飞燕）

学院简介

浙江育英职业技术学院系经浙江省人民政府批准创办的全日制普通民办高职院校。现有6个分院2个部，25个专业，在校生7000余人。

学院以“厚德载物，自强不息”为校训，立足杭州、面向浙江、融入长三角，为现代服务业培养全面发展的具有优势品质与技能的高素质应用型职业人。学校已形成民航交通服务类、信息技术服务类、商务贸易服务类、经济管理服务类、创意设计服务类五大现代服务业专业群。

学院以职业优势品质和优势技能为主线，设计人才培养方案，努力实现高校、企业、社区的全方位合作，主动适应市场需求、服务社会发展、服务终生学习。把目光投向世界大舞台，与发达国家（地区）高校合作交流，视教育质量为办学的生命线，打造了专业、人文、体育、社会服务和党建优势，为建设“人文、精致、开放、活力”特质的育英学院，不断奋发前进。

学校荣获的主要荣誉有：全国先进社会组织、全国民办非企业单位自律诚信建设先进单位、全国民办教育先进集体、浙江省文明单位、浙江省先进基层党组织、浙江省5A级社会组织、浙江省高校平安校园、浙江省无偿献血促进奖、浙江省优秀志愿服务集体等90余项。学生在各类竞赛中，获中国青少年科技创新奖、“挑战杯”全国大学生创业创新大赛一等奖、浙江省大学生职业生涯规划大赛一等奖、浙江省大学生程序设计大赛特等奖、田径比赛团体第一、武术比赛团体第一、网球比赛团体第一、舞蹈比赛一等奖等。

职高培养廉价劳动力是死路一条

◎杭州市中策职业学校校长　高志刚

发达的民营资本、敏锐的经济思维、活跃的市场机制、开放的竞争格局，浙江省一直以高姿态昂首于社会经济发展的前沿，但对于职业教育来讲，浙江省的起步却比较晚。校企合作、工学结合、创新创业、订单培养……中职教育作为培养青年合格劳动者的基地，一直在寻找着存在感。如杭州市中策职业学校（以下简称中策职校）校长高志刚所说："中职教育虽然国家离不开、政策很重视，但也常被社会看不起。"

这是一句实话，也折射出这位在中职教坛上奋战20余年的教育工作者对职业教育清晰而又无奈的认识。

职业学校：
及格线是跟着市场走，优秀线是领着企业走

作为职教的"领头雁"，中策职校又有了新动作，他们与杭州市的三家企业签订合作协议，邀请他们"驻校"。在寸土寸金的市中心，中策职校"慷慨"地拿出500多平方米的用地供三家企业"据点"使用。

"我们有很多校外实训基地，而这次特意请企业入驻校园，是全新的合作模式。"高志刚说，"这些企业入驻校园，可以为学生提供最前沿的技术和文化熏陶。"

从请行业大师做特聘教师，到在企业为学生设立实训工作室，在校企合作模式中，中策职校做了很多探索，但学校和企业之间始终存在距离感，而这次"企业驻校"是校企协作创新的新举措。

"其实我想改变职业教育的现状，转换人们对职业学校的观念，中职教育不只是培养合格的劳动力。"高志刚说，"我们的学生站在技术升级的前沿，背后有强大的技术团队支撑他们，有学校的教师和校企合作的专家，借此可以打造职业教育的'资源技术'高地。"

走到企业前面，引领产业发展一直都是高志刚心中的美好愿景，对于职业学校来说，及格线是跟着市场走，优秀线则是领着企业走。一直以来，中策职校与企业进行订单式培养，利用企业的平台为学生职业生涯的发展创造有利条件。

比如学校的"龙头"专业——烹饪，杭州市的黄龙、凯悦、雷迪森等众多五星级酒店都是学校校企合作的单位。"这些酒店的很多技术骨干也都是我们中策的毕业生。"高志刚说到这里很是自豪。

被职高录取又逃离到外地上普高
面子问题还是前途问题

每年的5月下旬是杭州市区统一填报中考志愿的时间。每当这时，一些成绩中等或者偏科严重的学生的家长的内心最为纠结，是让孩子选职高，还是读普高？

家长不让孩子读职高，既是面子问题，也是前途问题。

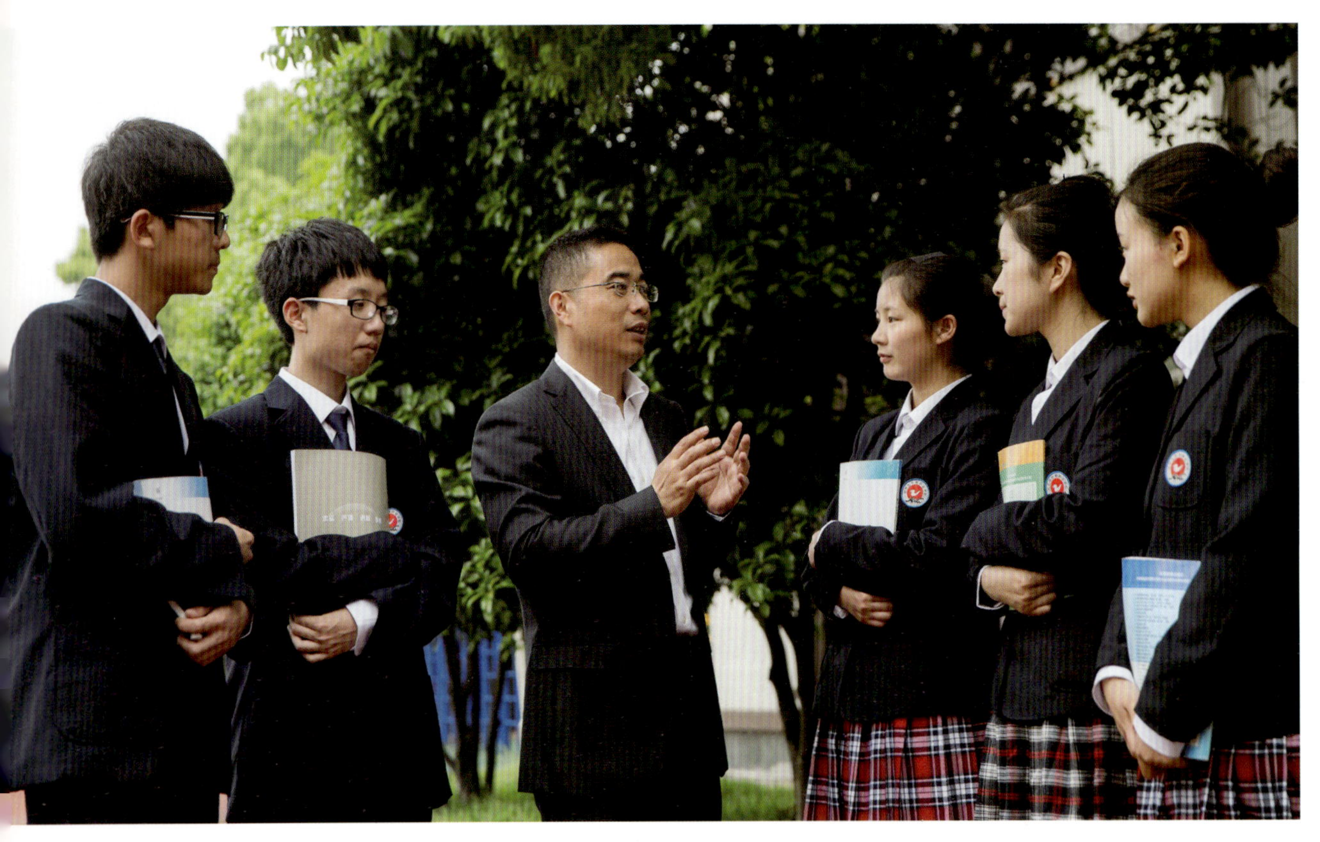

有的中职学校校长说，中考成绩在 400 分左右的学生，如果去普高考大学，大部分也是在第四批、第五批被录取；如果上职高，同样可以满足他们的升学愿望。

可现实是，每年中考后，都有一些已经被职高录取的学生不去报到，而选择去外地读普高。这个数量很惊人，每年都有上千人次。

在中策职校，这批学生有些发展得非常好。高志刚说：“学校有几个机电类专业的学生，他们通过自主招生考入浙江机电职业技术学院。当年他们的中考成绩在 400 ～ 420 分之间，而现在他们是大学里的‘明星’。”学生毕业后的去向，高志刚说：“一般的可以去农夫山泉，中等的可以进上海大众，特别好的能进厦门航空。不是他们去求单位，而是这些单位要这些学生。”说起学生，高志刚总是眉梢上扬。

有意思的是，那些逃离出去读普高的学生，也有很多是读了几个月甚至半年后，觉得不适应想“流回”中职，但因名额已给了别人，他们就没有机会了。

学生故事：中考失利进职高

专业对“胃口” 意外圆梦

高志刚同我们分享了一个学生的故事，他叫李剑飞。

李剑飞原本想走“读重高、考大学”的标准升学途径，但由于中考的意外失利，未能考进重高。他进入中策职校时，情绪非常低落。但中策职校的电气运行与控制专业很对他的“胃口”，他越读越有兴趣。由于成绩出色，李剑飞多次参加机电一体化技能大赛，拿奖无数，包括全国职业院校技能大赛机电一体化设备组装与调试项目的两次冠军。每年，学校都免除他的学费，他还能获得中职生的补助，并且拿奖学金的次数也不少。

在校时，李剑飞在班里的成绩一直名列前茅。浙江省高考单考单招，他总分 642 分，排在全省第 12 名，顺利考入浙江师范大学应用电子技术教育专业，这是他的理想学校和理想专业。“应该说，儿子既给我们省了钱，又让我们省了心。他如果有兴趣，希望他大学毕业后还可以读研究生，进一步深造。”聊起儿子的成长之路，李爸爸很感慨。

在高志刚看来，随着社会对职业教育的日趋认同，只要职高生找到自己的方向，也可以发展得很好。他们既可以选择就业，也可以选择升学。

对于中策毕业生的毕业去向，高志刚将其定义为“43211 人才培养计划”——400 名学生成为优秀企业订单培养的员工，300 名学生参加高考单考单招进大学，200 名学生通过中高职衔接班进入大学，100 名学生通过与国外合作办学项目，到国外实习就业，另外 100 名学生可以直接就业或者创业。

升学、就业、创业、出国，在中策学生眼中，并不是艰难的抉择。

600 多所高校转型做职业教育

与中职学校共建“立交桥”

教育部副部长鲁昕曾发布一组数据：中国高等教育将发生革命性调整——全国 600 多所地方本科院校将逐步转型做现代职业教育，培养技术技能型人才的高校比重将从现有的 55% 提高到 70% ～ 80%。

高考将实现两类人才、两种模式的考试形式。第一种高考模式是技术技能型人才的高考，考试内容为技能加文化知识；第二种高考模式就是目前的高考，即学术型人才的高考。

鲁昕表示，中国当前的职业教育是个“断头桥”，培养出的技术技能型人才，学制短，学生不能继续攻读更高的学位。今后，中国将搭建人才培养的“立交桥”，让学生可以从中职院校一直读到专科、本科、硕士，甚至博士。

这样的消息对高志刚等职业教育工作者来说，像是找到了知音，这既是一种肯定，也是莫大的激励。“目前，最大的挑战就是高职单招单考如何与 600 多所转型本科院校之间建立顺畅的通道。就 2013 年来说，普通高校直接面向职高类学生招生的，浙江省一共有 400 个名额。”高志刚说。

搞教育不能抛弃社会

职高不培养廉价劳动力

中考填报志愿是孩子们第一次面对的学业中的抉择，对此高志刚提出两点建议。

第一，父母要多听听孩子的想法，了解他们喜欢什么、擅长什么，当在选择时出现冲突，父母也要学会向孩子妥协。

第二，孩子也得多听听父母的建议，不要一意孤行。毕竟父母的社会经历很丰富，特别是在一些专业的选择上，会有更为成熟的想法。

高志刚说过一句让人深思的话。他说：“搞教育不能抛弃社会，要看懂社会。在中国，如果职高只是培养廉价劳动力，那只有死路一条。”

（本文作者　郭媛贞）

学校简介

杭州市中策职业学校是我国首批国家级重点职业学校，国家级改革发展示范建设校，是杭州市政府命名的五大名校教育集团之一，是浙江省开办最早的职业学校，是杭州市教育局直属的公办学校。自1979年创校至今，学校人才辈出、硕果累累。学校曾先后被评为全国职业技术教育先进单位、全国环境教育先进集体、全国创建绿色学校活动先进学校、浙江省文明单位、浙江省教育科研先进集体、浙江省绿色学校、杭州市两个文明建设红旗单位、杭州市“十佳”职业学校、杭州市“十佳”国际旅游资源访问点、重点涉外参观单位。学校规模大，专业门类多，在校生达3500人，进口出口畅通，升学就业两旺，为浙江省、杭州市职业教育的改革与发展作出了积极贡献，成为职业教育的一片热土，学校被誉为“新型劳动者的摇篮”、职业学校的“领头雁”。

职业教育不能定格在培养技能

◎杭州市旅游职业学校校长　夏茂忠*

*2015年7月20日，夏茂忠离开校长岗位，享受正校级待遇。

在滨江一片幽静的土地上，有着这么一所大名鼎鼎的职业高中。还未走进校门，就看到一位教师就地取材，带着一群身着白色校服的学生在校门口的花坛边上实践课，细细一听，原来是园林专业的学生在学习分辨不同种类的土壤。

初见美丽的、欧式风格的校园，不禁让人产生一股向往之情：美好的环境培养美好的人。事实也正是如此，在杭州市旅游职业学校（以下简称旅游职校）30 多年的办校历史中，培养出了太多业界优秀的人才。不管是品德还是专业建树，这里的学子都相当值得称赞。

曾听说过一句话：“看校长如何就可以看出一个学校的好坏。”同样的，看学校如何，也能够看出校长的为人。今天，就让我们走近校长夏茂忠和他的旅游职校，看看是怎样的校长，塑造了如此享有美誉的学校。

职业教育
正走在正确的道路上

从毕业开始当普高物理教师、班主任，再到后来在杭州市职教中心、交通职高、电子职高以及旅游职高工作，1957 年出生的夏茂忠在他数十载的教育生涯中，几乎把杭州市有名的职业学校都转了个遍。用夏茂忠自己的话来说，他是一个“对职高特别有感情”的老教师。

回忆起他的教学生涯，对于职教，夏茂忠颇有感慨：“在中国，职业教育从出现到现在经历了不少的起落。”

高考制度刚恢复时，国家为了分流学生，解决“千军万马过独木桥”的问题，开始鼓励普高改制成职高。

那个时候，职高在社会上口碑极好。1993 年左右，全国刮起“职高热”，一时间报考职高的分数线远远高于普高。但之后由于高等院校扩招，大量生源涌向普通高中和大学，职高热又慢慢减弱。直到近几年，社会慢慢出现了“用工荒”等问题，大家才意识到职业教育不可或缺。

李克强总理曾提到:“要大力发展职业教育。”这番话，无疑是给中国青黄不接的职业教育打了一针“兴奋剂”。在夏茂忠看来，如今的职业教育正走在正确的道路上，未来将真正实现“两类教育培养各级人才”的理想状态。

“2013 年导游证考试，我们的通过率是杭州市平均通过率的三倍多”

说到旅游职校的王牌专业，非旅游专业莫属。说起这个专业的学生，夏茂忠的语气里满是难掩的自豪。

“你知道吗？ 2013 年的导游证考试，我们的学生通过率为 96%，”夏茂忠兴奋地说，“整个杭州市的通过率大概只有 30% 左右，我们是他们的 3 倍多！”

这样的好成绩，已经不是第一次出现在旅游职校中了，2012 年的通过率也突破了 90%，这么高的通过率，在全国都很罕见。更难能可贵的是，这个考试面向的人群大多是高职院校的学生，还有不少大学本科生参加。但旅游职校的学生却以高中生的身份打败了这些大学生，这让夏茂忠惊喜不已。

高质量的毕业生也引来了不少用人单位的“哄抢”。夏茂忠说:“在旅游旺季时，学生持导游证一上岗，就能拿到每月 6000 元的工资，收入甚至比刚工作的研究生还高。”看到学生们可以得到那么好的就业机会，作为校长的夏茂忠倍感欣慰。

除旅游专业外，学校还设有酒店、园林、金融事务和商务助理，共五大专业，在学校的科学规划下，学生基本都能顺利升学和就业，用夏茂忠的话来说，“职高的学生一点也不会比普高的差”。

与培训机构不同，职业学校不该定格在培养技能

夏茂忠还多次强调，职业学校不能将学生定格在技能培养上。“职业学校和培训机构的功能是不同的，很多人混淆了这两个概念，”他说，“学校的首要任务是培养‘人’。”不论是对夏茂忠个人还是对学校来说，教育学生的首要任务是让他们“成人”，其次的任务才是“成才”，职业教育也要注重学生的素质教育。

夏茂忠说：“当前的就业单位对应聘者最大的要求往往就是敬业、有责任

心。”这样的人才是企业最需要的，也是学校最应该培养的。只有“以德树人”才能培养出符合社会需求的人才。

在这样的思想指导下，旅游职校的教学设计、校园活动都为“先成人后成才”为中心展开。学校重视学生的文化熏陶、视野扩展，健全奖励机制，抓住一切机会塑造学生的自信心；鼓励学生走出校园，参加社会实践和国际交流。学生收到的鼓励多了，视野广了，信心和底气自然也就足了。

其实，早在招生环节，面试官就已开始关注前来考试的学生的行为表现。据夏茂忠透露，自主招生时卷面分数并不一定是最重要的，而是从学生在校门口开始，就有教师一路观察他们的言行举止并开始对其打分了。在学校看来，一个人的品德和行为比专业成绩更为重要。

把握教育方向，
职校校长更要有经营意识

何谓好校长？对于这个问题，夏茂忠心里有一把标准的刻度尺。在他看来，要成为一个好校长，首先就必须要有先进的教育思想，以及结合现实的办学思路。“对于职教学校来说，将教育任务与现实结合更加重要，”夏茂忠说，“因为职业教育是要将学生培养成应用型人才，若是缺少现实性，那就会和社会需求脱轨。”

此外，好校长需要一定的教育经验的积累，假如对教育事业没有足够的认知，则往往会造成盲目管理。

“其实校长的个人魅力也是很重要的，”夏茂忠笑着说，“个人魅力最大的来源，就是个人的专业素养。”

在夏茂忠看来，职业学校的校长与普高的校长最大的不同就是前者要具备更多的经营意识。对于开放型办学来说，学校与行业、企业紧紧结合，校长更是需要有强大的社会活动能力，去协调、整合社会教育资源，为学生创造更好的学习实践环境。

感动来源于
最真实的生活

当小编问到在这数十年的从教生涯中最让他感动的事时，夏茂忠陷入了沉思，想了好一会儿才告诉我们。

从教数十年，令夏茂忠最感动的事是发生在几年前，他当班主任时带的第一届学生办的同学聚会上。在聚会上，有一位学生拿出了自己珍藏几十年的成绩单，因为当年的班主任签名栏上只有印章，没有签名，这位学生至今觉得遗憾，趁着同学会的机会，请班主任亲笔签名。“这个学生今年也快50岁了吧，想不

到还记着这件事情。”夏茂忠感慨地说。

还有一位学生，是他带的班级的化学课代表，每次化学成绩都是几门学科当中分数最高的。这位学生在同学会上再遇多年未见的班主任时说：“夏老师，当年高考，我的物理成绩比化学高了 10 分，这都是您的功劳。”

在调任到旅游职校后，夏茂忠更是发现这里的孩子非常阳光，很喜欢和老师沟通。“以前我走进教室，学生往往不敢和我说话。但这里的学生很活泼，他们会涌上来，搬凳子给我坐，围在我身边和我聊天，”夏茂忠说，“这让我莫名地感动。”

或许在平常人看来，一个拥有几十年教龄的教师会亲笔签上千余张成绩单，学生的成绩起伏更是不足为奇。其实在夏茂忠心里，抑或是在每一位教师的心里，每一位学生以及每一件与学生相关的事，都像是心里的烙印，也许痕迹会被时间打磨，但永远不会消失。

（本文作者　郭媛贞）

学校简介

杭州市旅游职业学校是杭州市教育局直属的首批国家级重点职业学校、浙江省一级重点职业技术学校，曾荣获浙江省文明单位、浙江省职业教育先进学校、杭州市人民满意学校、浙江省中职学校30强、浙江省教科研100强学校等20多项荣誉称号。

学校师资力量雄厚，在职200余名教职工中，具有中、高级职称的教师占教师队伍的85%以上，所有专业的教师都持有“双师型”中、高级技能证书，多名教师是杭州市中职专业学科带头人。

学校占地面积约6.7万平方米，校舍总面积4.5万平方米。教学大楼、办公楼、实训楼、学生公寓大楼在杭州地区的中等职业学校中堪称一流。校图书馆藏书有13万余册。教育仪器设备总值在7000万元以上，专业实训设备精良，拥有旅游和园林两个省级示范性实训基地。

服务杭州经济，培养高素养的“大电职人”

◎杭州市电子信息职业学校校长　邵阳

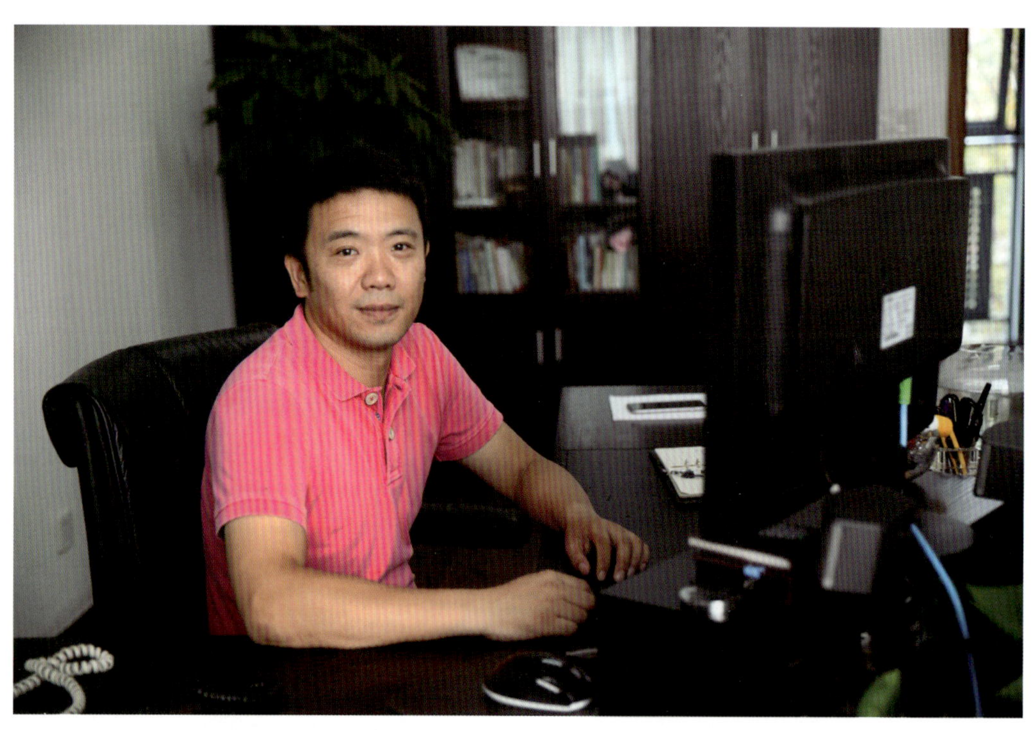

杭州市电子信息职业学校（以下简称电子职校）是一个有着大学校园般大气的中职校园，蓝、白、灰三个色调的组合体现了校园的素雅和体面，“文明、有序、得体”显示了学生的素养。学校坐落在杭州市区的城西和城北。1993年，学校从职业教育中心独立出来，经过20余年的发展，学校在邵阳校长的引领下，形成了独特的专业色彩和人文情怀。用学生的话说：“大电职，我心中永远的大电职。”言语之中透射出学生对学校、对自己的电职生活深深的认同和骄傲。

很多学生选择就读电子职校，是源于对学校专业的认同，对学校办学理念的认可，对自身发展的关注以及对专业兴趣的向往。邵阳校长也对学校的发展和学生的前途倾注了很多心血，同时也牵扯出千丝万缕的教育情怀。

学校的课程
成为全省学科标准

在邵阳校长的办公桌上，有一只辉光管电子钟，金色的丝线在一个小巧的空间里滑动流转，记录着时间的流逝。邵阳说，这是一位教师在某次技能大赛上的作品，他觉得好玩就带回了办公室。对这位职业学校的校长来说，师生们的每一次创造所结出的硕果都是弥足珍贵的。

作为一所以计算机与电子信息为强势学科的职业学校，邵阳非常重视教学环境的建设。全系列的苹果电脑、高配置的电子画板，以及荧光灯下清爽的动漫手绘平台、3D打印机、无人航拍器……走在学校的教学楼内，会让人有种在大学课堂或是动漫公司的感觉。其实，这只是电子职校的一间普通的动漫专业实训室。

高端的教学设备必须配备高端的教学资源，电子职校的师资力量同样不可小觑，专业教师在电子、计算机、数媒专业领域均站上了省内教学的尖端位置。

硬件资源的完备带来的是软件资源的同步提升。据邵阳介绍，学校的网络技术与电子技术应用两门课程已成为浙江省课改的标准。也就是说，全省职业学校的这两门课都是按照电子职校的标准来设定的，配套的专业教材也均由学校教师主编。

电职要培养的“大电职人”是内外兼修的准职业人

“一个普通的初中毕业生，在电子职校浸润三年，这三年将带给他什么？”这始终是邵阳校长思考的问题，也成为他治学、治校的宗旨。他认为学生应该成为这样一个人——“大电职人”，这个人能把国家装心头，对家乡有认同，对职业带敬意，靠勤奋去达成目标，感恩周边的物与事，对自己的人生负责，在职场显专业，对生活懂把握，把技术当成崇尚品。

没错，这就是电子职校对学生的培育目标。与其说是一个治学目标，不如说是经过邵阳校长对人生的深入思考和精心提炼之后，在职业教育中的大实践。

在校园的角角落落，都可触及这种教学理念。在丁桥校区正门可以看到实训楼，在实训楼的醒目位置可以看到六个大字：懂感恩、有责任。所有学生在电子职校的三年学习、生活中，都会被“感恩、责任”这两个主题词包围，学校所有的德育活动也都围绕其展开。师生之间的互相问候，学生的勤奋学习、感恩他人的工作，都成为了电子职校校园生活的常态。

学校教师的核心价值观也在邵阳校长的带领下，逐渐建设和践行起来。“志向高远、敬业勤学、团结协作、关爱学生”，短短几个字，涵盖了教师对人生、对专业、对同事、对学生的态度。“态度温暖，则行为自然温暖”，正因为此，

电子职校的教师团队一直以“踏实、勤奋、上进”的工作作风著称，非常让人敬佩。

电子职校教师中，有专家级别的特级教师，有站在本专业学科前沿、敢于探索的创新型教师，有获得国家说课竞赛一等奖的年轻教师，有指导学生获得全国专业技能大赛金牌的教练，有把大批学生送进技能型本科院校深造的普通教师……

学校的教师团队紧密合作，教学节奏紧凑、教学理念明确、教学手段扎实，这些因素为塑造良好的学生素养，提供了肥沃的教育土壤。

搭建成长平台
鼓励学生发展专业素养

明星学生是职业学校引以为豪的资本。这些学生通过自己的努力与学校对其的清晰定位，拥有了不错的人生际遇。

前段时间，学校接到了毕业生朱哲恒的喜讯电话，他和高中同学吴晓斌、沈文斌一起，获得了“思科认证互联网专家（路由与交换）”证书（思科认证互联网专家 CCIE，是美国 Cisco 公司于 1993 年开始推出的专家级认证考试，

是全球 IT 领域顶级的认证证书。据思科官方数据统计，截至 2014 年 1 月，CCIE 持有者全球仅 4 万多名）。朱哲恒，一名职高毕业的在读大学生做到了。

朱哲恒中考时选择了电子职校计算机网络专业，他说，学计算机是他最大的兴趣。

“第一次到学校的实训室，看到那么复杂先进的实训设备，我完全不知道要学什么。”朱哲恒感觉原来这个专业并不是自己之前所理解的那么简单。但他相信勤能补拙。放学后，他常到班主任那里开“小灶”，从中学到不少知识。

朱哲恒读高三那年，在全国职业院校技能大赛中职组企业网搭建与应用比赛中，获得了二等奖。同年 9 月，计算机网络专业毕业的朱哲恒，顺利进入了杭州职业技术学院继续求学。第二年，他通过努力学习获得了 CCIE 认证考试的证书。

有一天，朱哲恒回母校，看到学校火爆的招生场面非常感慨。“找准自己的位置，努力去学就肯定有收获。”朱哲恒对未来的学弟学妹说。他觉得，学校的老师知道学生的需求，他们会为这个明确的目标因材施教，也会鼓励学生发展所学的专业，矢志不渝，让学生在小小年纪不惧失败。也正因为知道路在哪里，更多的学子一往直前，坚定地知道自己的目标，从而追求自己的梦想。

在学校的每一个实训场所、教室、寝室，学校都要求学生具备“准职业人”的基本素养，这体现在学生校园生活的方方面面，学生也因此形成了职场所需的基本素养。

做个幸福的“蓝领”
用实训环境来锻造

邵阳校长还说，校企合作模式造就的“一体化”实训基地，不仅让学生的一技之长用到了实处，还拓宽了学生的就业面。

学校采用订单培养模式，与杭州三星电子产品旗舰店、杭州市计算机学会信息技术分会共建产学结合基地和网络开发中心；与杭州市地铁集团有限公司达成人才培养意向，订单培养学生。杭州地铁录用的第一批员工中，有 48 名来自电子职校。

学校电子应用专业尝试采用“校本三明治”教学，构建“三层一夹”教学模式，教学“校本三明治”模式即三师（教师＋工程师＋实训指导教师）、三室（校内实训工厂＋专门化实训室＋云学习工作室）、三环（自主学习＋强化操作＋合作展示）、一夹六步（重申目标＋检测预习＋循环操作＋展示交流＋教师点评＋新知预习）。计算机专业在现代学徒制的理念下，开展“高职—中职—企业”三元合一网管员培养模式的探索。数媒专业的“萤火 CG ”专业工作室鼓励学生微创业，学生既实践了专业，又产生了看得到的成效。

在具有本专业特点的校企合作实训中，电子职校的学生不仅有专业技能，同时有职业素养，让企业明显地感受到“大电职人”的教育烙印。

“做个幸福的蓝领”，这是现代职业教育体系带给职校生的养分。对于擅长动手的孩子，一张试卷定终身的应试教育显然不公平，而“能工巧匠”的职业定位能让更多的孩子成为成功者。

邵阳校长用自己一贯先行的专业视角以及锻造教师团队的方式践行中职教育，走着，走着，也就深远了。

快问快答

1. 大浙教育：中职的学生，有些是因为成绩不够上普高而无奈选择职高，您怎么看？

答：成绩不能说明一切，学生要不断努力，殊途同归，最终都能成功、成材。

2. 大浙教育：电子职校的学生，有很多男生在毕业后通过征兵进入部队，会不会让您觉得中职三年的教育，在这些学生身上没有得到好的体现？

答：电子职校的学生到哪都有用武之地，在哪里做出成绩，我们都高兴。

3. 大浙教育：作为校长，您怎么看待学生在校犯错？

答：学生犯错误是正常的，但同样的错误不能犯第二次。可以容忍一个年轻人犯错，但一个人应该有底线，不能违法、犯罪，要有基本的是非判断能力。

4. 大浙教育：当青年教师对职业前途迷茫时，您靠什么去解决？

答：努力提升青年教师的职业素养，靠几个方面：人文的关怀，在其专业成长上予以支持，靠教师团队的温暖、互助，给予个人一定的空间。

5. 大浙教育：学校专业设置比较硬朗，您觉得需要改变吗？

答：专业拓展是一直要做的事，我们也一直在寻求第四个专业群。

6. 大浙教育：您认为中职学校最重要的发展要素是什么？

答：最重要的是师资队伍。师资要梯队设置合理、能力互补、敬业勤奋。另外，课程体系的设置也很重要，设置中要注重对人的素养的培养。

7. 大浙教育：作为校长，您考虑最多的是什么？

答：为学生创造怎样的学习环境。

8. 大浙教育：在学校的专业发展上，您思考的侧重点在哪里？

答：创造一流的、具有前瞻性的实训环境，帮助教师提升专业能力。

9. 大浙教育：对于职业学校的学生而言，您觉得重要的是什么？

答：重基础、强技能，素养更重要，其中包括作为一个人的基本心理状态：快乐、健康。

（本文作者　郭媛贞　周敏）

学校简介

杭州市电子信息职业学校创办于1993年，是国家级重点职业学校，杭州市教育局直属的公办学校。学校是“全国五一劳动奖”获得单位，浙江省中职改革示范建设校、浙江省一级中等职业学校、浙江省首批中等职业教育专业课程改革基地学校、浙江省教科研百强学校、浙江省职业教育数字化资源建设示范学校、杭州市市级依法治校示范校、首批杭州市美丽学校建设行动重点培育学校、杭州市5A级平安校园。学校环境优美，配备了现代化的教育教学设施，目前有翠苑和丁桥两个校区。

学校有浙江省乃至全国最具实力和水平的、适应杭州市经济建设和社会发展需要的三大专业集群（计算机及应用、数字媒体技术应用、电子技术）。计算机及应用专业是国家级实训基地，被教育部认定为首批国家级示范专业；数字媒体技术应用专业为教育部试点项目；电子技术专业被浙江省教育厅认定为首批省级示范专业，电子技术应用产学研联合体被确定为省级中职教育产学研联合体。

学校教师奉行“志向高远、敬业勤学、团结协作、关爱学生”的核心价值观，以“创新有为、开放包容、务实担当、追求卓越”的电子职校精神著称。学校以“静心求知懂感恩，崇尚技术有责任”为德育目标，培养最具责任感和感恩精神的电职学子。

做昂首挺胸的职教人

◎杭州市美术职业学校校长　周宏米

在老杭城的凤凰山麓，有这么一所高中，经历了30多年的风雨，从闻名全国的五四职业高级中学发展为如今的杭州市美术职业学校（以下简称美术职校），这片小小的土地充满着创业者的勇气、传道者的智慧和求学者的勤奋。

在美术教育30周年的校友访谈序中，有那么一段描写十分动人："30年后，我们回首，看见你们，在阳光里，大樟树浓密的枝叶、斑驳的教学楼、画架、调色板、五彩的颜料、瓶瓶罐罐，以及沾满炭黑的手……"如此诗意的场景，不正是艺术给人的感觉吗？

美术家，往往比其他人多一丝敏感，多一分浪漫，这些特质在学校30多年的光阴中被不断传承和超越。让我们走进杭州市美术职业学校，看看这浸润在浪漫主义情怀中的"造梦天堂"。

做真人、求真知、惜真情

"做真人、求真知、惜真情"是美术职校传承多年的校训。也许如今的美术职校不为普通人所熟知，但只要提起五四职高，不少人都会竖起大拇指。

1977年恢复高考后，为了解决学生"千军万马过独木桥"的问题，国家决定大力推动职业教育发展。五四职高便在这次改革中应运而生。1979年，学校创办职业教育，开创了杭州市乃至浙江省中等职业教育的先河。由于教育资源丰富、教学能力卓群，20世纪80年代，全国职业教育界还流传过"全国职教看五四"这样的话。

如今的校长周宏米在采访中多次提到老校长们，若没有老校长们的魄力和远见，就没有辉煌的五四职高，也不会让综合性职高转型专业性美术职高的道路如此成功。现在杭州市政府大力推动文化创意产业发展，美术职校的办学优势越来越明显。

行内口碑好，
不用拿汤唯当宣传噱头

打开美术职校的官网，会发现历年高校录取率高到惊人——职高在许多人的印象当中，几乎是“差生”的代名词，但缘何这所学校每年会有那么多的人可以考上中国美院等令众多普高艺术生梦寐以求的大学？

周宏米校长为我们回答了这个问题：优良的师资、先进的教学理念，还有合适的教学方法，为学生架通了进入高等学府的立交桥。

“其实在杭州设计界，有许多‘大家’都是从我们学校走出去的，”周校长说，“不少学生现在都成了中国美院的教授，‘娃哈哈’商标的设计者也是我们学校的学生。国际影星汤唯，同样也是我们学校的毕业生，但我们从不拿她当宣传噱头。”

若不是有心关注，人们一般不会注意这所悄悄藏在凤凰山里的职高。即便如此，周校长也没有担心过招生的问题，“酒香不怕巷子深”，在业内的好口碑足以吸引到充足的优秀生源。

惜“奇才”“怪才”，这里的教师更懂学生

周校长说了一句大实话：“在普高就读的艺术生，往往得不到文化课教师的理解，而作为普高中为数不多的艺术生，也难以交到志同道合的朋友。”而在美术职校就不一样，这些孩子现在走的路，专业教师年轻时同样走过。学艺术出身的教师，在当年考学时也遇到过同样的问题，同样怀抱对艺术的美好憧憬，满脑子都是用不完的创意……自然地，美术职校的专业教师对学生有更多的理解，在艺术氛围渲染下的文化课教师也同样能理解学生，来这里求学的孩子都是志同道合的学友，自然能交到更多的朋友。

在美术职校的教师看来，发现、欣赏学生的优点，才是学生获得成长的动力。让学生发挥美术专业优势，用“画”和“笔”激活学生在活动中的主体意识和参与意识，因为教育的意义在于入心、入脑，在于学生的回应。

相比普高看重文化课成绩，美术职高的教师更看重学生的才情和动手能力。不少“奇才”“怪才”在得到了一个可以自由发挥的平台后，学生原本被压抑的天赋变得越来越闪亮。周宏米校长说：“我们的学生，不管有哪方面的才华，都有平台能一展风采。”

正是由于这样的氛围，曾经怀着不甘、自卑的心态走进美术职高的学生，在得到老师和同学的肯定后渐渐找回了自信。周宏米校长一说起这些，眼里满是藏不住的自豪，他说：“职高更重‘育人’，当学生可以感受到教师的真心时，自然会努力起来。”

刺绣、剪纸、陶艺、篆刻……
当传统工艺走进职高校园

与一般校长办公室里布置名家书画的习惯不同，周校长的办公室墙上挂着的是几幅手工制作的中国传统剪纸。

细问之后才知道，这些都是美术职校学生的作品。原来在开设绘画、设计等课程之余，学校还邀请了省内一流的传统工艺大师来校任教，如剪纸艺术家宋胜林、刺绣艺术家余知音，等等。

“在和国外的学校交流经验时，我发现他们非常看重中国传统工艺。有一次我送给一位美国校长一幅学生制作的剪纸作品，她喜欢得不得了，还把这幅作品挂到了自己卧室的墙上。”说起这些，周校长总会特别激动。

据周校长介绍，学校是浙江省传统手工艺教学实践基地，学习传统手工艺的学生，往往是“五年一贯制”的学生，传统手工艺让这些学生更了解中国文化，在今后的设计道路上能更好地传承和突破中国传统艺术。

家长的看法越来越开明，职业教育形势也会越来越好

教育部副部长鲁昕发布了这么一则通告：中国高等教育将发生革命性调整——全国 600 多所地方本科院校将逐步转型做现代职业教育，培养技术技能型人才的高校比重将从现有的 55% 提高到 70% ～ 80%。

对于职业教育来说，这无疑迎来了快速发展的又一机遇。

虽然周校长一再强调自己是个现实主义者，但这一次他信心满满。因为除了国家的支持外，社会、家长的价值观也在慢慢改变。以前不少家长认为职高风气差、毕业出路窄、社会地位低，但经过多轮“用工荒”和“蓝领荒”之后，大家渐渐觉得学习一门技术不失为一条好的出路。

“路漫漫其修远兮，吾将上下而求索。”在职业教育的道路上，周校长走了好久，从刚开始的“摸着石头过河”，到现在对职业教育有了自己的见解和坚持，这足以让我们相信，美术职校的未来一定会像校园中的古樟树一样根深叶茂。

（本文作者　马尊正）

学校简介

杭州市美术职业学校是杭州市教育局直属的公办学校，省级重点中等职业学校。学校现为中国职业技术教育学会美术教学研究会理事学校、中国美术学院首批生源基地实验学校、浙江省传统手工艺教学实验基地学校。学校开设美术绘画和美术设计两大专业，美术设计专业为省、市中等职业学校示范专业和实训基地。学校现有班级23个，学生786人，在编教职工105人，其中专任教师90人。

学校以“把学生培养成一个人格健全的人，一个具有传统优势和现代意识的人，一个具有社会生存能力和发展潜力的人”为目标，面向全体，以“美而温暖”的教育教学理念帮助学生实现可持续发展。学校致力于培养高文化素质、宽专业基础、精专业技能，既有现实就业能力，又有发展后劲的复合型中等美术专业人才。建校至今已有4000余名毕业生升入中国美术学院等全国各艺术类高校继续深造，一大批毕业生已成为杭州文化创意产业的中坚力量。

墨守成规者败，锐意创新者胜

◎杭州市财经职业学校校长　郑效其

曾看到过这样一段话：要迎接科学技术突飞猛进和知识经济迅速兴起的挑战，最重要的是坚持创新，创新是一个民族进步的灵魂，是一个国家兴旺发达的不竭动力，创新的关键在人才，人才的成长靠教育。

这段话的观点恰好与郑效其的观点相同：墨守成规者败，锐意创新者胜。这是一个成功的教育者信奉了数十年的准则。这是一个对人才需求急剧上升的时代，教育者的创造力已成为社会发展的原动力。

职业教育发展之路虽坎坷，但从未让人失去信心

在采访刚开始时，郑效其校长就向大浙教育的小编报了一串数字："今年学校提前自主招生只要招 290 人，现在报了 529 人，特别是金融"3+2"班，招录比已经到了 20：1。"

在郑效其眼里，这样的数据让人十分满意，也有些出乎意料。其实不管是在杭州市财经职业学校（以下简称财经职校），还是其他职校，2014 年、2015 年的报考情况都出人意料地火爆。考生对于职业教育的认识正在一步一步摆脱偏见，走向乐观。

郑效其说，2015 年是他从事职业教育的第 30 个年头。

这 30 年来，他从来没有对职业教育失去过信心，虽然这 30 年来职业教育的发展几经起伏。他信心的来源就是职业教育一直在源源不断地向社会输送有用的人才。"银泰百货集团副总经理、现代集团董事长就是曾经的红星职业中学的学生，包括许多自主创业的民营企业家，也同样是从职校走出去的学子。"

郑效其骄傲地说。

他拿出了两本厚厚的相册，“这都是以前的学生帮我做的，他现在有一个影像工作室，相册里有很多大家一起聚会、旅行的照片。”郑效其翻开相册，脸上满是自豪。的确，作为校长的他看到曾经的学生可以如此成功，自然是满心的骄傲和自豪。

职业教育已站在
一个四通八达的十字路口

李克强总理在讲话中提到:“今后五年要有5000所本科院校转为职业教育。”这句话无疑是支兴奋剂，给郑效其和整个职教界都注入了更大的活力。

在郑效其看来，职业教育的目的就是让学生“个个有发展，人人能成才”。而从教者的职责，就是帮学生构建好每一条可能发展的道路。达成这样的愿望实属不易，有千千万万个郑效其还在为此夜以继日地奋斗。

“在德国，80%的人走职业教育道路，仅20%的人接受学术教育，英国的

情况也类似。而美国高中的校长一天只要做两件事，就是早上把校门打开和晚上把校门关上，”郑效其打趣地说，“这是因为那里接受职业教育的学生学习、就业等体制比我们更成熟，有很多东西值得我们借鉴。”

职业教育人才立交桥的构建成为了职教人共同的目标之一。在经过 30 年的努力和等待后，郑效其终于欣喜地看到了美好的未来：如今的职教，俨然已站在一个四通八达的十字路口，往前走，学生可以升学，读专科、本科甚至是研究生，最后实现终生教育。这样的例子已经发生在了财经职校的毕业生中：往左走学生可以就业，从职高毕业后，不少学生拿着文凭和各类技能证书都找到了不错的工作；往右可以边工作边读书，以财经职校为例，学校已和多所高校合作办了成人高校教学点。

同事都说郑效其关于职业教育的想法比较理想化，但从他从教 30 年的历程来看，不可否认他的理想正在逐渐照进现实。

学业情况是
孩子是否适合职高的最直观判断标准

在郑效其看来，我国现阶段的职业生涯教育还落后于国外。国外的孩子从幼儿园开始便接受职业教育，我国的职业教育却要到孩子念初中才开始，并且这些接受职业教育的孩子大多数是因为成绩不理想、进不去普高，出于无奈或糊里糊涂中作出的选择。

那该如何帮助孩子选择适合他的教育呢？作为专家，郑效其认为：孩子选择念普高还是职高，凭的是两个条件：一是每年的招生政策，二是目前孩子的学业状况。

在招生政策没有大改动的情况下，孩子的学业状况就成为作出选择的最重要标准。对此，郑效其建议，若在普高或职高的选择中摇摆不定，就千万不要错过职高的自主招生，一定要给录取上个“双保险”。

确定上职高后，选专业也要谨慎。选专业凭的就是孩子的兴趣、爱好和特长。若找不到明显的兴趣所在，其次才是凭孩子的学业状况来判断选文还是选理，再从专业角度（分为操作型：如电气运行控制、园林；常规型：会计；艺术型：动漫、设计等）选择。

在多年教学实践中，郑效其发现，很多家长在帮助孩子选择专业时都很盲目，从而导致了如化学不好的孩子选择了环境保护与监测，数学不好的孩子选择了计算机编程等选择错位现象的发生。

爱“踩点”的家长 才是好家长

除了学生的进步会让郑效其欣慰外，家长的进步同样也让他高兴。在他看来，现在的学生家长比过去理性许多。

郑效其讲了个有趣的故事：“一位初中学生的家长，为了在孩子报考前考察我们学校，用了七天时间，每天都在校门口‘蹲点’，一有机会就进来看看我们的课堂、寝室和食堂，这完全可以看出现在的家长对孩子教育的重视。”

出于透明办学的考虑，郑效其不仅不害怕这样爱“踩点”的家长，反而为这样的家长们敞开了学校的大门。“我们学校是‘人民满意学校’，但评上这个可不容易，”他说，“一听到家长对学校有意见，我们会马上带着家长、总务部主管和膳管会的学生，一起到现场去考察，征求家长的建议，争取现场解决问题。”

热情的郑效其强烈要求小编尝尝学校食堂供应的午餐。当天的菜是一份白斩鸡加两份素菜，饭管够，还送餐后水果——两根小黄瓜，而价格更是让小编咋舌，这样一份荤素搭配均匀、食材新鲜的午餐，花费还不到 6 元。

郑效其说：“以前许多家长评价学校时，只关注教师的水平，而现在，更多的家长也开始关注学生的生活管理。家长‘吹毛求疵’的要求，其实是对职业教育的鞭策，对于教师和管理者来说，更应该感到欣慰。”

读书一生，激情不老

除了财经职校的校长这一身份之外，郑效其还有一个身份，就是北京师范大学教育经济管理学博士。1985 年，他从杭十一中毕业后，被分配到了当年的红星职业中学做团干部，担任校长以后，他也一直没有停止过求学的脚步。

从中央党校的本科、原杭州大学应用心理学硕士研究生、北京师范大学教育经济管理学博士，再到如今申请美国学校的博士学位，郑效其一步一个脚印地在印证着一句老话：“活到老，学到老，还有三分学不到。”而为了这学不到的“三分”，他愿意用一生去钻研。正如他的座右铭“读书一生，激情不老，宁静致远”。

郑效其说，他一直信奉“墨守成规者败，锐意创新者胜”这句话。在这个充满机遇的时代，无论什么行业，最需要的都是创新，最害怕的就是迂腐。这不禁让小编想到了一句诗：“好风凭借力，送我上青云。”相信在这个美好时代，职业教育一定会在“郑效其们”的带领下，冲上梦想的云端。

（本文作者　马尊正）

学校简介

杭州市财经职业学校（原杭州市江滨职业学校）是杭州市教育局直属的省级重点职业学校。学校创建于1956年，自1984年创办职业教育以来，学校人才辈出，近万名优秀学子活跃在金融、财经、物流、动漫等行业中，成为杭州市中职教育的一道亮丽风景。

学校是全国中等职业学校财经教育协作会副会长单位、全国金融职业教育教学指导委员会委员单位、全国中职校动漫游戏教育联盟副会长单位、全国动漫游戏专业课程改革试验学校、中国职教学会教学工作委员会数码（类）专业教学委员会常务理事学校、全国物流职业教育人才培养基地。会计专业是省、市财经教研大组理事长学校，金融专业是省级示范专业和实训基地，物流专业是省理事学校、市理事长学校，动漫专业是杭州市重点扶持的新兴专业。

2015年8月，学校从“西湖时代”迈入“钱塘江时代”，学校整体搬迁至滨江高新开发区，并更名为杭州市财经职业学校。学校坐落于钱江南岸，冠山北麓，古镇相邻，山水依傍。学校占地面积5.2万平方米，绿化面积1.8万平方米，总投资5亿多元，建筑海派、典雅、精致。

新校园、新校名、新格局，在传承老牌职校的基础上，财经职校有信心把新学校打造成一所真正让家长放心、学生喜欢、同行佩服、社会认可的现代化、标准化、示范性、对外开放的职业学校，让杭城学子可以在这儿实现就业梦、创业梦、升学梦和留学梦！

让职校生享受被肯定的美妙滋味

◎杭州市人民职业学校校长　斯黎红

杭州市人民职业学校（以下简称人民职校）坐落在繁华的庆春路旁，是一所充满时代感与厚重感的学校。校长斯黎红充满教育理想，她前瞻把握、锐意创新、辛勤耕耘，打造出一所精致、美好的职业学校——学生愿意到这里来学习，他们健康快乐、学有所成；家长放心把孩子送到这里；企事业单位乐意接受这里培养的毕业生；对口升学的学校对这里的学生赞赏有加。近几年，学校招生入学分数逐年提高，每年都有相当一部分学生的入学分数超过杭州市第一批重点高中录取分数，这在职业教育并不被普遍认可的当下，实为难能可贵。

教育儿子是在教育公民
教育女儿是在培养整个民族

美丽的樱花树旁，舒适的小花园中，各式秋千椅上，同学们三三两两，或安坐读书，或轻声聊天，或散步听音乐。在这里，嘈杂的车水马龙统统消失在墙外，这是一所理想的校园，学生中 90% 以上是女生，宛若一个不被打扰的“女儿国”。

校长斯黎红轻声细语，在她面前，大浙教育的小编仿佛也变成了一名学生，听斯黎红校长讲故事，说学校。

斯黎红的故事很多，主角都是学生，她们报考学校时的模样，毕业后在工作岗位上工作的情况，取得的成绩，甚至结婚生子，都是斯黎红最关注的事情。她常说：“学校培养女生的终极目标不仅仅是造就一个合格的公民和劳动者，还可能是未来的母亲，她们自身的素质直接关系到下一代的成长。”

斯黎红最喜欢引用著名女教育家克鲁普斯卡娅的一句话：“如果你在家教育儿子，就是在教育公民；如果你在家教育女儿，就是在培养整个民族。”

目前的学校教育中，少女教育或者性别教育都有所缺失。斯黎红说，她一直赞同陶行知先生的观点——少女教育的定位，应该是一个社会人，而不仅仅是淑女。正因为此，人民职校提出女生教育的方向是培养明礼、优雅、知性的现代职业女性，不是取悦于人，而是自立于世。

人民职校在专业方向的开设中，选择了那些更契合女性特质的教育产业、文化产业等领域，发挥女性的优势和特长。斯黎红说：“职业学校面向社会、面向就业的性质，决定了关注女性教育应更多地思考现代社会对女性的新要求，思考如何给女性提供更优质的教育，帮助她们更好地实现自身的发展，能够有梦想地追求未来，自主地创造自己的生活。”

职校学生被应试教育淘汰
在这里找到“被肯定的美妙滋味”

上学是为了什么？教育的目的又是什么？在斯黎红这里，教育变成了美好生活的一部分。她说：“学校的学习、工作和生活应该是这种美好的延续，教育是为了人一生的幸福，要享受在校学习的快乐。”

职业学校的学生很大一部分都是被应试教育淘汰下来的，困于分数的压力，她们在初中阶段几乎没有真正享受过学习的快乐。职业学校更有必要为学生搭建一个通往成功的平台，让学生重新认识自己，找回应有的快乐。

人民职校做过一个调查：75% 的学生觉得自己很幸福、很自信，原因是学生认为走进校门，感觉到充满希望的一天开始了。在这里，有自我价值的体现，

有对未来的憧憬。钢琴老师对学生的一句话："你的手指很长，很适合弹钢琴！"学生听后格外开心，"我从来没有注意过我的手指，也从来没有想过弹钢琴。"毕业以后，这位同学居然成了钢琴老师，她说："被肯定的滋味很美妙。"

正如一位同学说："我从不觉得自己是金子，但坚信母校的老师就像淘金者，她们能发现你、挖掘你、打造你，让你发出耀眼的光芒！"

职业教育默默地承受偏见，也在默默地培养高素质的"准职业人"。

在一次校长论坛上，斯黎红为职业教育发声："职业教育不是低层次的教育，而是一种教育类型。"

斯黎红说："职业教育默默承受着社会的偏见，只有提高办学质量，培养出社会所需的高素质的'准职业人'，才能赢得尊重。"根据人民职校对毕业生就业后的追踪调研，学前教育专业的毕业生大多已成为幼儿园的骨干教师，有近70位学生已成长为园长；礼仪文秘专业毕业生有一个"五年现象"，许多毕业生工作五年左右，在职业发展上都有了很大的提升，从职员升任主管、经理等不同级别；会展服务与管理专业的毕业生，一样能成为知名企业的设计师、创意总监等，一样有能力参与设计杭州大厦C座、杭州萧山国际机场VIP候机厅等项目的设计工作。他们的成功不是特例，不是小众。

斯黎红表示，职业教育姓"职"更姓"教"，要为社会经济发展服务，同时，更要回归教育"为人的健康成长服务"这一育人本质，满足人的发展的多种需求，使学生通过专业学习掌握立足社会的技能和本领，通过文化熏陶培养健全人格，实现全面发展，为社会培养出高素质的技能型人才。唯此，职业教育才能被社会接受与认可，职业学校才更有吸引力。

为学生搭建升学就业立交桥，

让学生为青春的梦想奋斗

在2014年杭州中职学校招生咨询会上，人民职校的展位前被挤得水泄不通。据了解，2013年学校部分专业录取比达到1：7，五年制学前教育大专招生数与面试报名数达到1：8。

目前，人民职校与浙江师范大学杭州幼儿师范学院、嘉兴学院、杭州科技职业技术学院合办“五年制”学前教育大专，旨在培养合格的幼儿园教师；与浙江经贸职业技术学院合办“五年一贯制”会展服务与管理大专班，与浙江旅游职业学院合办“3+2”文化艺术大专班，与浙江育英职业技术学院合办“3+2”文秘大专班，与浙江经济职业技术学院合办“3+2”文秘（速录方向）大专班。2013年，升入浙江师范大学杭州幼儿师范学院的比例为97.7%，升入浙江旅游职业学院的比例为100%，升入浙江育英职业技术学院的比例为100%。近年，“五年制”学前教育大专毕业的学生，考取幼儿园事业编制教师的比例更是达到了70%以上。

学校还与新加坡智源教育学院合作办学，择优推荐学生赴新加坡攻读学前

学生在毕业典礼上依依不舍

教育专业。其中，已毕业的周态劼同学以人才身份留居新加坡国际幼儿园工作。2011 年，学校开展毕业生寻访活动时，周态劼说："中学时我从未料到我有机会到这个美丽的岛国学习和工作。现在我已在新加坡学习 1 年，工作 2 年了。站在域外幼教风景的窗前，我感受到不同教育理念指导下，幼儿教育方式的差异。新加坡越来越关注儿童的独特性，强调儿童全面的身心发展。"

学生们说，老师像妈妈，像姐姐，像挚友……

"不放弃每一个孩子"是人民职校教师的信条。一位会展专业毕业的学生深情回忆母校生活时说："我并未对自己是一个职高生而感到沮丧。在人民职校时，无论我们怎样调皮、难以管教，老师们都耐心地开导，真心真意把我们当成自己的孩子一样看待。那时我就觉得，哪怕日后离开了这所学校，那些无法抹去的回忆就是我对母校之爱的最好证明。如今，我们所拥有的一切美好，也都要同母校一起来分享。"

学生们说，老师像妈妈，老师像姐姐，老师像挚友……这些评价就是对教师最高的奖励。一位家长说："学校给了我女儿后半生希望，也给了我们全家希望。"这样简单的一句话，让为人师者感受到温暖和幸福，也积蓄了继续前进的力量。

"学生的成长带给我的幸福是深刻而持久的。"斯黎红 1984 年大学毕业，担任职业学校的教师已经 30 余年了，她常觉得教师的职业虽然平凡，但蕴藏着无限的快乐。

一些毕业很久的学生在回忆校园生活时，很多场景仍然历历在目。首届感动杭城的十大教师、省师德先进个人，1990 届毕业的高虹园长在回忆母校时说：“难忘琴房传出的声声琴韵，难忘舞蹈房洒下的滴滴汗珠，难忘好友间的甜蜜分享，难忘毕业典礼演唱的《沉默是金》，更难忘班主任两鬓斑白的头发，所有的一切恍如昨日，依稀可辨……”

（本文作者　郭媛贞）

学校简介

杭州市人民职业学校是杭州市教育局直属省级重点职业学校，首批国家级语言文字规范化示范校、浙江省文明单位、浙江省巾帼文明示范岗、浙江省首批艺术教育特色学校、杭州市文明学校、杭州市三八红旗集体、杭州市人民满意学校。

学校拥有六大基地：中央财政支持学前教育实训基地、浙江省中职教育德育工作实验基地、浙江省课程改革基地学校、浙江省现代服务业会展实训基地、杭州市学前教育示范实训基地、杭州市幼儿园园长培训中心（基地）。

学校拥有三大类专业，其中省级示范专业——学前教育专业已与浙师大杭州幼儿师范学院、嘉兴学院、杭州科技职业技术学院合办五年制大专班。已培养 4000 多名毕业生，毕业生遍布杭州市幼儿园，有近 70 位毕业生成长为幼儿园园长。

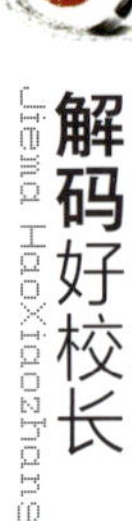

让艺术特色与教育规律相融相生

◎杭州艺术学校校长　宋家明

他，曾是杭州歌舞团团长，聚光灯下，一根指挥棒挥斥方遒；他，从杭州艺术学校（以下简称杭州艺校）走向舞台，又在职业生涯巅峰之时急流勇退，重回母校担负起传承艺术、造就艺术人才的重任。

他是杭州艺术学校校长、国家一级指挥家宋家明。本书聚焦的杭州市职业学校校长之中，他是唯一由职业艺术家转型的职校领头人。

从艺术创作者转型为艺术人才的培养者，18年里，宋家明从最初的徘徊、质疑，到后来的适应、思索，到现在的创新、改革。伴随着学校一步步走向成熟，他也完成了从纯粹的艺术家到艺术教育家的蜕变。

第一批学生2000人里
录取了六七十人

杭州艺校的校园精致、小巧，沿着木质窗棂装点的门廊走过，弹拨奏鸣的乐器、悠扬婉转的歌声，彼此交汇着从教室飘出，让人身上的每一个细胞都想跟着起舞。艺校的孩子，对于舞台的渴望甚于同龄的初、高中生，甚至从更小的年纪开始，一颗从艺的种子在他们心中就开始萌芽。

20世纪80年代，随着市场经济的发展，各行各业都建设了对口的职业学校。到了90年代，随着义务教育、高等教育与学历教育的分轨，行业类的职业学校渐渐并入教育部门管辖，而艺术类的中职学校从办学伊始，就带着“为专业文艺团体定向培养人才”的特色。

“那时的招生可是千里挑一、百里挑一的，专业功底都是杠杠的。”不论是自己考学，还是从1997年开始当校长，在宋家明眼中，杭州艺校都是响当当

的一块招牌，只有别人挤破头，从来没有招生难的情形。

宋家明回忆自己的第一批学生时说："从 2000 人里只挑了六七十人，专业有杂技、曲艺、越剧、舞蹈、音乐、时装模特，都跟社会需求结合得很紧密。"宋家明说，报考的学生都是学校的文艺骨干，不仅专业拔尖，学习成绩也很优秀，有不少学生是童子功，从小就浸润在艺术的氛围里。

既然是一所学校，就不能偏离培养人才这一目标。作为艺术家办学，宋家明既不想让孩子们被传统的教育体制束缚，又得恪守一所学校育人的本分，用他自己的话说，讲究的是"艺术特色与教育规律的高度统一"。

你愿意让孩子成为一个"搞艺术的"吗

自 1999 年高校扩招开始，"象牙塔"的门槛逐渐降低，更多的家长希望子女读高中、考大学，中职学校的招生率随之大幅度下滑。

成绩好、有天分的艺术生，逐渐转向重点高中学习，进艺术院、艺术团与参加高考，渐渐变成两条失衡的平行线，后者不断延伸，前者则逐渐萎缩。

这让宋家明痛心疾首。办艺校，就是要发现和培养具有艺术潜质的专业化人才，而艺术人才最好的训练、提升造诣甚至出成绩的时光，就是在他们十七八岁的时候。

一个很有艺术天分的孩子在全国的管乐比赛中获大奖，父母却不希望他从事音乐相关的工作，只把它当成"玩票"、业余爱好，甚至是高考加分的砝码。宋家明坦言："现在问题不在学

生，而在于整个大环境，包括有些教师自己都对‘吃艺术这碗饭’心存疑虑。似乎‘搞艺术的’就一直没有被贴上一个好职业的标签。”

一所学校招生冷热的变化，折射出在社会发展过程中，人才观与价值观的变迁，也更能考验学校在应对社会主流价值取向之时，所表现出的智识、胆量和勇气。

宋家明很欣赏一位日本教育家的理念，他用自然界生灵的结构来分析人类的教育——就像植物、动物、土壤、水、空气等各种成分构成我们生长的环境，每个人的成才方式也需要各种因素来构成，否则就会导致生态失衡。从幼教、义务教育、高中教育与职业教育、本科教育与研究生教育，这都只是学习类别的区分，而无高低层次之别。

这个校长像“团长”

从杭州舞台走向世界的舞台

为了让学生的专业学习与行业接轨，宋家明抓住一切能演出的机会，让学生登上舞台。省级的各项文艺汇演、市级的节庆活动等都有杭州艺术学校学生的身影。然而密集的排练与演出，冲击了正常的课堂教学，这让教师们颇有意见，私下里都在说“这个校长是来当‘团长’的”。

这让宋家明陷入深深地思索——学艺术的孩子不上台，就等于学医的学生不拿手术刀，永远练不出真功夫，可违反教育规律，一所学校的价值又何在？

经过一番努力，杭州艺术学校成立了校级艺术团，从资金配套、机构设置，到课程调度、课时安排，形成了一套完整的教育教学机制。学校约定，只参与公益性质的演出活动，拒绝商演，并且每一次外出演出，都不会耽误文化课程的学习。

随着走出校门的机会越来越多，宋家明觉得，还要走出国门。学校每年组团安排 2 ～ 3 次的学生外出交流活动，每一届均有 50% 以上的学生有机会参加海外实训，实训期一般是两周，进行大量的公益性舞台表演和“孔子课堂”的教学活动。

“孩子的眼界要比大人们开阔，教育要知道孩子想学什么，而不是教师从头到尾地教。”宋家明认为，专业学习需要舞台的磨炼，而学生需要接受多样文化的感染，“填鸭式”的教育方式不适合艺术专业的学生。

艺术人才
评价体系应更多样化

一年暑期，来自美国著名高校和中学的 20 位校长访问杭州艺术学校，他们的人才观深深触动了宋家明。在美国，有一些天赋极高的学生拿不到本科文凭，没有学士学位，学校会给他们发演奏家文凭，没有人会认为他们是不好的学生。

在伦敦西区和美国百老汇，每 6 个月就会有一次演员的公开招募，技术团队每年有一次招募，这在欧美国家基本上是一个常规模式。那里有大批的职业音乐剧演员靠演戏吃饭，也有公开发布招聘演员的渠道，而演员也知道在哪里可以找到工作。

在宋家明看来，我国对艺术人才的评价体系不够多样化，没有唯才是举，而是以文凭论英雄。许多综合类大学培养出的学生，只适合理论研究，专业功底薄弱，舞台上的艺术表现力差强人意。

像杭州艺术学校这样，既隶属于行业，又受教育行政部门管辖的学校，全国有 120 多所。中国高考改革在如火如荼地进行着，而对于真正的艺术人才，似乎并没有形成相应的重视与关怀。

从尊重、认同到找方法、思变革，这不是一朝一夕之事。宋家明希望，在杭州艺术学校的这方土地上，能让更多的学生享受艺术，不被当下的价值观所困扰，并给予他们为之奋斗的动力和信心。

艺术特色与教育规律的高度统一，这道难解的教育命题终于找到了最明朗的答案。

快问快答

1. 大浙教育：最近让您感触最深的一件事情是什么？

答：感触最深的是重点学校评估时，教育局给我们的评价：符合了办学的标准。虽然是很平淡的一句话，但我落泪了。教育部门给一所艺术学校这样的评价，我觉得相当高了。学校1997年独立办学，经过这些年的努力，我们的艺术办学，获得了肯定。

2. 大浙教育：有不良情绪时您如何排解？

答：会去听音乐，回归到我的专业。虽然当校长，但我没有一天离得了自己的专业。

3. 大浙教育：您最近烦恼的事情是什么？

答：学校管理没有达到理想的要求，有些非常简单的事情没有做好。

4. 大浙教育：什么是您早年深信不疑，而如今深表怀疑的？

答：没有这种情况吧！我一般会比较容易听进别人的建议，会兼容并蓄。

5. 大浙教育：您现在最关注教育领域的什么方面？

答：教育改革走向何方。

6. 大浙教育：您欣赏的学生或者朋友身上有什么样的特质？

答：智慧、诚实，同时有个性、活跃，有创新精神。

7. 大浙教育：您常对孩子说的一句话是什么？

答：养成一个好的习惯，不光是学习，还有行为习惯等。

8. 大浙教育：过去的人生中对您影响最大的人是谁？

答：30多岁时，我在上海音乐学院进修3年，那一阶段的老师，对我影响很大。他们的专业素养、生活哲学让我受益良多。他们经历过诸多磨难，依然能笑对人生。

9. 大浙教育：您最恐惧的是什么？

答：没有什么会让我害怕的。

（本文作者　郭媛贞）

学校简介

杭州艺术学校成立于1958年，是浙江省重点学校，杭州市唯一的中等专业艺术学校。目前，学校在校学生600余名，专任教师100余名，学校开设音乐、舞蹈、戏剧和美术四大类专业，是省、市两级“艺术表演”和“音乐表演”的示范专业和实训基地。学校与浙江传媒学院、浙江艺术职业学院、杭州滑稽艺术剧院等联合办学，开设音乐、舞蹈、曲艺等表演专业“3+2”大专班，在美国加州大学开设艺术表演孔子课堂，在新加坡设立艺术表演海外实训基地，与韩国国立庆尚大学、台湾台中青年高级中学建立教育伙伴合作关系，学校也是杭州市国际旅游访问点。学校现为北京舞蹈学院、上海音乐学院、上海戏剧学院等高校的教学实习基地和生源基地。

历经50多年的持续发展，学校为浙江省、杭州市乃至全国输送了大批文艺人才。学校原创作品频频获得国际、国家、省、市级各类奖项，并承办国内外各类重要的演出活动，足迹遍及美国、法国、英国、德国、日本、摩洛哥、新加坡、韩国、马来西亚等国家以及台湾、香港地区，并获得一致好评。

为办学变卖祖屋

◎杭州建人高复学校创始人　桑坚信

一个个小巧精致的木质许愿牌在校门口随风轻盈摇摆，橙色的墙面让校舍充满了阳光般的活力与温暖，目之所及的操场边甚至设有室外攀岩等专用的活动设施，伴随着课间孩子们的嬉笑、打闹，这一切都很难与灰色、紧张、压抑的高复联系在一起。但它的确出现了，出现在西湖边上的建人高复学校之中。

这一切都来自于建人高复学校的前任校长、现任董事长桑坚信先生。即便现在他已经退居二线，更多的人仍愿意称呼他为桑校长，因为他一手创立了建人高复学校，并伴随着它经历了近20年的风雨起伏，也因为他对教育的执著、坚持与付出，才有了今天的建人高复。

曲折办学路：
为理想变卖祖屋

在进入教育行业之前，桑坚信从事的是文物考古工作。1990年，他从北京大学考古系学成归杭之后，便在杭州市文物考古研究所工作。若是没有1992年的那一个契机，他或许会继续在挖掘无字史书的道路上走下去，成为考古学领域的大家。

自20世纪80年代开始，重点中学招生政策不得大众期待，以及“片面追求升学率”、学生负担过重的情况愈演愈烈，教育界各种讨论和反思持续不断。

1992年夏，《报刊文摘》报道了四川省都江堰市离休干部卿光亚在改革开放后创立的第一所民办学校——光亚学校的有关内容，其中“教育的象牙塔松动了”一句话深深地触动了桑坚信。

而此时，在同事中口碑颇佳的桑坚信已经全票当选为文物考古所工会主席，但职业发展空间的不足，也让他开始重新审视自己的人生定位。

历史与教育是桑坚信情之所钟的两大领域。因为喜爱历史，所以选择了考古专业；也因为喜爱教育，再加上当时难得的时机，桑坚信踏上了办学之路。

桑坚信设想中的学校是初、高中一体的完全中学，因此，需要一笔不菲的启动资金，为此，他变卖了位于西湖边祖传的别墅，他也在一段时间内背上了“败家子”的骂名。谈到这一段，桑校长表示，他从不后悔，并且仍会义无反顾。

拿着这一笔办学资金，桑坚信租下了原九溪民航疗养院作为校舍，经过一

系列的装修改造和设备添置，达到了一所完全中学应有的标准。同时，他不仅三顾茅庐请到了国家、省、市级的老领导和教育行政领导担任学校顾问，而且倾尽全力，以诚意打动了许多杭州市重点中学刚退休的特级、高级教师，由此组成了杭州市民办学校最豪华的阵容。也因此，1994 年这所名为国佳的民办学校甫一招生，便极为火爆，名额一位难求，最终的录取比例甚至达到了 1∶4。

当时的国佳学校在教育界名噪一时，吸引了众多有志办学人士的参观，其中便包括如今知名度颇高的宁波万里国际学校，甚至还吸引了中央电视台、省电视台的争相报道。

然而，这所红极一时的学校，却在 1997 年因为种种原因停办了，大量的资金也随之石沉大海。之后，桑坚信从事过房地产行业，但在短短一年多的时间后他又发现了可以继续从事教育行业的机会，于是他放弃了房地产行业的高薪，回过头继续从事教育事业。他先进入了一家教育机构汲取经验。当时，桑坚信做的是培训，包括青少年的课外辅导和人事局的经济师培训等，月薪只有 800 元。

之后，桑坚信便创立了见证杭城高复教育起伏的建人高复学校。

建人高复的初次招生，再现了当年国佳学校的盛况。那一年，建人高复学校提出了“免费试读 1 个月”的招生制度，入学的第一个月为试读期，试读之后若觉满意再交费。这一招生优惠政策不仅仅是扩大招生吸引力的宣传手段，更是切实执行的规章与制度。无疑，这一机制基于管理和师资的自信，也基于坚实的经济实力——若出现学生退学，学校也能够承担得起。当年招生的结果是计划招生的名额全部招满，真正不交学费入读的学生也少之又少。

与学生为朋，
同老师为友的桑校长

1997 年是教育的精英化时代，考生众多但是录取率低，高复教育的存在十分必要。这是桑坚信选择从事高复教育这一细分领域的一大缘由。然而，桑校长同样认为，并不是所有高考失利的学生都适合高复。这一观念，他至今都没有改变。

建人高复对入学的高复学生会有一定的选拔，主要从自己的意愿、学习态度和行为这三方面进行考量。桑校长说:“高复教育仅仅只有一年的时间，无法改变学生原有的态度和行为方式，只有具备了这三点的学生，才适合进行高复的学习。”

“学生就像是用柴火烧水，平时在学校里只能烧到 70 ～ 80℃，高复所要做的就是把他们烧到 100℃，让其沸腾。”高复是让学生从原来七八分的努力，转变成九分，甚至是十分的努力，由此，学生们不需要超常发挥也能取得比原来更好的成绩。

桑校长不提倡“刻苦读书”的观念，他认为读书应当有方法，只要能够发挥原有的潜力即可。同时，对于外界普遍认为的“高复一年压力比山大”，他也持不同观点。“高复的一年的确有心理压力，但压力并非外界想象得那么大，高复的这一年也并非枷锁。”桑坚信所提倡的是“快乐学习”的概念，学校与教师给予高复学生更大的关心、倾注更多的心血，由此，学生的压力也会随之减小。

在教学质量提高这一方面，桑校长也有自己的考量。1999 年，他便将分层、

分班的教学观念与方式引入了建人高复，“教育本就提倡因材施教，如此，学生才会进步更大，提高更快，”他这样说道。一届又一届的建人学子，也的确没有辜负他的期望。

学生是教育存在的意义，而教师则是决定教育成败的关键，桑坚信深深地知道这一点，因此，他对教学人才十分尊重，向来会花大力气为学校聘请名师。

桑坚信选择教师也有自己的标准，业界口碑和学校职称是一方面，认可他的办学理念和高复的定位是另一方面，这样才能找到愿意潜心钻研高复教育的名师。与此同时，他同样认为对教师而言，高复的讲台要自己站得住。教学是双向的过程，学生与教师配合的同时，教师也应当放下身段来适应不同程度的学生。

桑坚信用理念和自己的为人吸引人才，更用同行业中的高薪让教师能够生活得更好，让教师专心教学，去除他们的后顾之忧。

桑坚信十年来一直保持着请教师吃年夜饭的传统，即使是只待了一两年的教师他也是如此。一位八九十岁的绍兴老教师是年夜饭的常客，桑坚信甚至在他每次到来之际，都会为他安排好交通和住宿。当年，国佳学校停办之后，桑坚信也把当时在校的教师统一安排到了两个培训机构，保证了他们的工作稳定。桑坚信和教师间良好的关系，使得1997年他再次办学时，绝大部分的教师都回归了，其中甚至包括杭高、杭二的教师。

如今，建人高复的校长是原浙大附中管理教学的副校长，也是桑坚信认识20余年的朋友。除了这一位重量级的校长，他也请到了原学军中学和杭高的副校长吴老师。这两位老师是建人高复强大师资的代表。

谈教育：
养成教育不能弃，高复教育需如一

从事钟爱的教育领域近20年，桑坚信对这一领域有不少感触。

桑坚信多次奔赴台湾，了解台湾的教育情况。在他看来，台湾教育的一大优点是阶段性明确，小学的养成教育，大众的公民教育，以及大学时期应当教授何事都十分清晰。而在大陆的教育领域，即便是小学时期的养成教育，也很难实现，因为现实环境和社会生活往往会将学校的教育冲刷殆尽。

而养成教育在他所投身的高复教育之中，尤难推进。相对于小学、中学、高中甚至大学的教育，高复教育有更强的功利性和目的性。“但学校的养成教育即便收效甚微也需要做，”桑坚信说道，也不无感慨，“这或许是一种‘书生意气’吧，位卑未敢忘忧国。”

高复教育是教育体系必要的组成部分，由于受各方面因素的影响，它也是起伏最大的一部分。

2008年之前是高复教育蓬勃发展的时期，而自2008年起，高考人数不断减少，高复教育的关注度也在不断下降。桑坚信更是见证了这一起伏兴衰的过程，“杭州的高复学校从当年的10家，曾一度增长到17家、20家，到现在，按照资金投入来看，只剩下2家了。”

对于这种大环境，桑坚信笑言并没有危机感。在他看来，任何事物都是如此，有兴必有衰，高复教育并不是例外，但高复教育的需求是永远存在的，和高考的存在相伴而生，因此无论如何，高复教育并不会亡，“高复永远有市场，但仅限于办得好的高复班”。

新高考政策出台时，对于传得沸沸扬扬的“高复春天到来”的说法，桑坚信表现得很淡然。“我并没有觉得是春天的到来，因为本来就没有秋冬，应当一以贯之，始终如一。”他十分理性地剖析了引来“高复春天”欢呼的“成绩两年有效”政策：“两年的有效成绩也是一把‘双刃剑’，不见得对学生完全有利，若是有效的成绩不好，同样需要在高复的阶段加强，压力并不一定会有所减轻。”

未来，
教育之路仍然在延展

如今，桑坚信已经退出了教育的一线，从原来的桑校长变成了桑董事长。然而，谈及今后的打算，高复教育仍然是他心头放不下的一部分。他表示，在之后会坚持建人高复这一平台，继续做好高复教育，进一步地让教育方式与理念更加精准，从而做成这一领域中的精品。对于建人高复学校，桑坚信并不急着扩大它的规模，在“做大”与“做强”这一选题上，他毫不犹豫地选择了后者。

经过十多年的坚持不懈、不断创新，桑坚信旗下的教育项目涵盖内容越来越广泛，涉及小学、中学、高等教育等方方面面，也因此成立了建人国际文教集团。他钟情的教育事业正以蓬勃发展的态势继续前行，也会发展得越来越好。

（本文作者　马尊正）

学校简介

杭州建人高复隶属建人国际文教集团，是浙江省精品高复学校，也是国家教育类著名品牌。学校实行小班化教学，采取班主任、任课教师、学生、家长和学校“五位一体”管理模式，多年来为全国知名高校输送大量资优学生，在教育界有良好的口碑。

建人国际文教集团成立于 2005 年，下属院校还有杭州仁和外国语学校和浙江建人专修学院。杭州仁和外国语学校成立于 1993 年，是一所全封闭寄宿式中小学一贯制（中学含初中和高中）学校。学校以“全人教育”为办学理念，旨在培养具有健全人格、全面发展的学生。浙江建人专修学院创办于 1981 年，是经浙江省教育厅批准成立的一所全日制民办高等院校。学院现阶段承办浙江师范大学高技能人才培训班，致力于培养技术型和应用型人才。

为家乡娃铺一条希望之路

◎杭州市西湖职业高级中学校长　张德成

2013 年 5 月 14 日，中共中央政治局委员，国务院副总理刘延东到杭州市西湖职业高级中学（以下简称西湖职高）视察，作为浙江省唯一一所被视察的中职学校，一时间西湖职高在网络上的搜索热度持续升高。

视察期间，有一个细节被媒体津津乐道：在学校的茶宴展示厅，刘延东副总理饶有兴趣地仔细欣赏了烹饪组制作的每一道茶菜，在得知用猴头菇制作素熊掌，蒸熟后扣在盆中央，上面淋浇上九曲红梅茶汁，周围配以雕刻的鸡蛋蒸制的芙蓉蛋，整合一道“踏雪寻梅”时，刘延东副总理微笑着说：“这菜真有文化，有创意。”

刘延东副总理说：“走访了西湖职高，发现职校的孩子精神面貌非常好。作为一所区属职高，学校开设的专业能够紧紧结合区域特色，跟茶文化结合在一起，为地方经济的发展起到了非常大的作用。学校能够连续四年在全国技能大赛中拿到 6 块金牌，并且办成了一所国家级重点职高，这是非常不容易的。”

技能大赛金牌、服务地方经济、主打区域特色牌……刘延东副总理的几句话，折射出在风起云涌的职业教育变革时代，西湖职高沿袭自身特色，脚踏实地为学生服务的职校本色。

下面让我们听听西湖职高校长张德成讲述这所由一穷二白招生难，到声名远播的区属职高 30 年的奋斗历程。

创业史：为了家乡的孩子能有好的出路

“建校史就是创业史”，这句话对职业学校来讲，尤其合适。1984 年，西湖职高的前身九溪职业中学成立，它是杭州市创办最早的职业学校之一。1998 年，

在历经普通高中与职业高中合并办学的浪潮后，学校走出低谷，步入了高速发展的轨道。

张德成是土生土长的转塘人，从普通中学涉足职业教育，教师生涯的起步、转折、发展都在家乡的这片热土上。而张德成进入职校的愿望特别“接地气”——就是希望家乡的孩子能有出路，有发展。

这样的想法源于张德成七年班主任的经历。“我们班的孩子体育不错，只有在运动会上才能出点风头。”张德成回忆，用一把成绩的尺子来衡量所有学生，这让他特别痛苦。让那些别人眼中的“后进生”出彩，职业教育是一个水到渠成的选择。

两校合并之初，困难。当时，正在修建的绕城西线正好穿过校园，整所学校只剩下两幢教学楼，学生上体育课都成问题。比校园建设更难的是生源，2000 年学校第一次招生只招到了 120 名学生。

重压之下有动力。在危机之下，西湖职高提出专业建设与学生培养服务地方经济的思路，得到政府的大力支持。西湖职高陆续扩建学校，在夯实硬件的同时抓内涵建设，从职高生的“自信工程”建设到重构职业教育的课程体系，逐步站稳脚跟。

2011 年，杭州市西湖职业高级中学教育集团成立，学校设立旅游、烹饪、

建筑和计算机四大骨干专业。

2014 年全国职业院校技能大赛中职烹饪专业项目中，西湖职高豪夺三块金牌，成为浙江省唯一一所连续六年夺冠的职业学校。

被社会忽视的中职生，只要耐得住寂寞，持之以恒，就一定能找到属于自己的一片天。西湖职高与学生们一起，实现了自身的蜕变。

职业教育爱

“跨界” 培养“乡土人才”，学校口碑大涨

张德成常说：“职业教育是跨界的教育，需与经济相融合。”作为转塘人，张德成一直为传承地方文化积极奔走，同时想办法与专业学科搭上边，摸索出了一条双赢之路。

相比闻名遐迩的西湖龙井，生长在西湖区周浦乡的“红茶珍品”——九曲红梅则有些默默无闻。为了传承九曲红梅茶文化，2013 年，西湖职高引进了九曲红梅非物质文化遗产继承人冯瓒玉，在学校内成立工作室，并选拔有兴趣的学生跟着大师学种茶、炒茶、品茶。同时，学校还挑选了烹饪、旅游专业的骨干教师，联合行业大师，开发专业特色课程，研发一系列茶宴、茶肴、茶点，并在转塘、龙坞等当地的农家乐对这些研发成果进行推广；而电子商务专业的师生则组成服务队，帮助当地茶农开设网上商店，进行网商业务培训，为茶农创造经济效益。尝到甜头的茶农，也愿意自己花钱改造厨房，邀请教师、学生到茶庄实训、授课，为学生创造就业机会。

在“乡土人才”培养上下工夫，这种双赢的模式，使当地老百姓与学校共享了人才资源，也为学校赢得了良好的口碑。所以，当地人对西湖职高的认同感也很高。张德成介绍，像上泗、转塘、龙坞等几个附近区域的学生报考西湖职高，主要读的就是这几个特色专业。龙坞茶庄的老板们更是很早就把眼光瞄准了西湖职高，主动来学校与我们谈合作。

职高生不“差”
而是有个性、有特长的“偏才”

社会上普遍存在对职校生的成见，认为他们学习成绩差、难管理。中职学生的学习技能都是从零开始的，一些学生进校前，面临的第一个问题就是没有自信心。所以学校的德育管理首先传递给学生的就是：自信让我成功！为了让那些有个性、有特长的“偏才”学生获得肯定、树立自信，从看似枯燥的技能训练过程中爱上自己的专业，学校提出了形象工程——从外表到内心的健康阳光；幸福工程——学好专业，为幸福人生奠基。这是西湖职高的立校之本，也是西湖职业高级中学能够六年夺金的秘密。

午饭时间，在西湖职高的学生食堂中忙碌的，除了食堂工作的师傅，还有来自烹饪专业的同学们。他们在“自产自销”——课堂上的教学作业进入食堂，真正实现产教结合，让教学原材料直接变成产品，也增加了学生的专业训练与实战机会。

每位学生在校期间，除了学习专业核心技能外，还要学习其他相关课程，比如烹饪专业学生不仅要学刀工、热菜等核心课程，还需要学习面点、冷雕、西餐等辅助技能。在这个过程中，学校逐步培养学生善思考、会学习、敢实践的职业素养，提升学生的竞争力，缩短岗位适应期。

区属职高默默耕耘

西职梦是“希望之梦”

作为西湖区唯一一所职业高中，建30余年的西湖职高偏居一隅，默默实践，从动荡走向稳定，再步入出色，在职业教育的试验田中不断尝试，超越自己的同时，也赢得了同行的尊重。

学生的发展渐好，教师也急需“补钙”。校企培训、课题研究、技能大赛，每一位西湖职高的教师都沉浸在竹节拔高一样的高速成长中。厉志光老师被评为浙江省烹饪特级教师，而全省烹饪特级教师迄今为止只有3名。

如今，西湖职高已形成以茶文化为特色的旅游专业和烹饪专业；计算机专业转型为技术类的电商专业，专注于网页设计与艺术设计；建筑专业专攻设计装潢；会计专业的定位是升入理想的高校和服务小微企业。在学制上学校也进行了大胆的改革，学生进校一年半时便可选择以后的去向，是就业还是升学，学校再根据学生的选择为其安排针对性的课程。

张德成曾经做过16年的后勤校长，他一直感激这段经历带给他的阅历，因为他觉得，职业教育就是服务，为社会经济发展服务、为学生成才服务，让学生对自己和社会有信心，让教师找到从教的幸福与自身的价值。

2014年是职业教育史上的重要纪元，职业学校从晦暗一角走到了聚光灯下，给人压力，也带来了希望。张德成深切感受到变革给学校带来的方向和动力：提高职业技能、培养职业精神，为学生的幸福人生奠基。

这是西湖职高的梦想，也是职业教育人的梦想。

（本文作者　郭媛贞）

学校简介

杭州市西湖职业高级中学是国家级重点中等职业学校，学校成立于1984年，是目前浙江省职教界发展速度最快的学校之一。学校设有烹饪、高星级饭店运营与管理、建筑装饰、电子商务和会计五大专业，其中烹饪专业为浙江省示范专业、浙江省骨干专业，高星级饭店运营与管理专业为浙江省示范专业、浙江省特色专业。

以德为首。学校把“学做人”“学文化”“学技能”紧密结合起来，塑造中职学生自信、阳光的形象的德育系列工程被列为西湖区德育精品工程，获得浙江省人民政府多个奖项。

技能为重。推行“双师全程共导”教学模式，全面深入课程改革；共建共享校内外实训基地，提高教学质量。西湖职高教育集团、杭州市中职建筑类专业指导委员会、西湖职高创业孵化基地、校内外30余家实训基地等，都为学生学习技能、提升就业能力提供了广阔的天地。

近年来，学校师生在各级各类大赛中频频获奖，在全国中职技能大赛中，烹饪和建筑专业的学生已经连续六年获得10枚金牌。

学校正在新建实训大楼和学生公寓，进一步提升学校办学条件，力争建成一所特色鲜明 、管理科学、优质精致的示范性窗口中职学校，成为杭州现代服务业创新创业技能人才培养培训基地，在创新发展中继续打响具有西湖职高特色的职教品牌。

职业教育纸上谈来终觉浅

◎杭州市萧山区第三中等职业学校校长　孙利红*

*2015 年 7 月 4 日，孙利红调任至杭州市萧山区第一中等职业学校担任校长一职。

在接受采访前，孙利红校长快速地翻看了下采访提纲，向小编提出了建议："这几个问题就别问了，我是个实在人，不喜欢讲太虚的东西。"

于是，"实在""爽快"，便成了小编见到孙利红校长的第一印象。

他说，做事对得起学生、老师和社会是他的目标。"对得起别人"仅有五个字，舌头一打滚儿就能说出口，但若真要行动起来，便犹如明知前方有个大坑还使劲往里跳，耗费心力之大可想而知。

小编采访过不少同孙校长同年代的前辈，发现他们有一个共同点，就是特别踏实。孙利红便是其中的代表人物，认准了一个目标，可以不惜"撞破南墙继续走"。

下面让我们听听杭州市萧山区第三中等职业学校（以下简称萧山三职）校长讲讲他的故事，看这位"倔驴校长"在几十年里是怎样坚守着育人之本的。

职高教师需要用"人格魅力"来征服学生

2010年，孙利红在受邀参加学生的聚会时，有一位他教过的学生连着敬了他3杯酒。当敬到第4杯时，这位学生压抑已久的感恩之情涌上心头，突然向孙利红跪了下来，吓了孙利红一跳。

"孙校长，当年我在学校，做了很多错事，如果没有您的帮助，我现在可能会……"

孙利红这才回忆起这位学生，他曾是让很多教师头痛不已的"问题学生"。想到这个学生曾经做过的事，孙利红不禁莞尔，青春期的学生总是有些不羁和叛逆，这位学生则是"熊孩子"里的"佼

佼者”。半夜爬出学校偷农民地里的番薯，早恋、打架……甚至在冬天把同学的棉被浸到水里，而且他还屡教不改，十分顽劣。

虽然这名学生品行恶劣，但孙利红却发现他的本性并不坏，学习上也具有创新精神。在孙利红等其他老师的帮助下，终于将这名学生给拉回了正道，否则按他的说法，便是“开除我 10 次都不止”。面对这样的学生，孙利红认为教育方法的选择显得特别重要。

“我认为，职高教师要像卖狗皮膏药一样。”孙利红说，“职高教师常常会遇上顽皮的学生，面对这些‘皮猴子’，非常需要教师的人格魅力。”

孙利红告诉小编：“教师要先会教育人，后会教学。”若要教育学生，那教育者本身就要有让学生信服的地方。一位有爱心的教育者，定会寻找适合的教育方式去因材施教。比如教育正处在青春期的学生，便要注意给他们留一些脸面，若非重大错误，最好采用事后提醒的策略，这比当着众人的面训斥要有用得多。

49 岁的孙利红从事教育工作已经 27 年了。这么多年里，他一直力求所做的一切对得起身边的每一个人。对孙利红来说，从事教育唯一的乐趣就是“学生毕业了还夸你好”。

“没毕业的学生夸老师和学校好，没什么稀奇。但是当学生毕业了依然觉

得母校的老师和学校好，这才是真的好。”在孙利红看来，学生进入社会后受到的肯定比在校内受到的肯定更具价值，这也是他从事教育的动力之一。

在孙利红眼里，如果没有好学校，很难培养出好校长；而没有一名好校长，也很难造就一所好学校。若用一句话来概括判断“好学校”和“好校长”的标准，那就是“能培养有用的学生、对学生产生长远影响的教育者和学校”。

作为教育者，孙利红最希望听到的就是学生在走出学校后能说上一句“这个学校我来对了”。

职业教育：纸上谈来终觉浅

“博知、笃行”是萧山三职的校训，同样也是孙利红的人生理念。“博”即广博，“知”即知识和品德，“笃”是踏实，“行”是技能和实践。

孙利红认为，作为重视实践的职业高中，教师和学生的脚踏实地和与时俱进极其重要。

但如今在用人单位口碑极高的萧山三职，曾经也遭遇了实践教学的误区。

那年，学校组织学生参与生产实习，接到了一单配电箱组装的业务。学生

在一天内完成了 200 多套配电箱的组装，且前来验收的企业代表对质量表示相当满意。原本这是件让师生都很高兴的事，但企业总经理的一句话给了孙利红当头棒喝："虽然学生完成得又快又好，但我们公司亏本了！"原来，熟练工用一卷线可以组装 10 个配电箱，而学生用同量的原材料只组装了 6 个。

问题就出在实践教育缺少了对成本的控制。孙利红反思了这个问题，发现学校教师在教学中，只教会了学生"对错"，而成本控制这个重要的问题却从未提及，这直接导致了这次配电箱生产成本提高近一倍。面对这样的缺陷，2009 年后，萧山三职便组织教师编写关于生产成本控制的教材，让学生可以在工作中更灵活、机动。

2014 年 9 月，浙江省高考改革，未来职业生涯规划将是学生们必须正视的问题。作为一直直接对接社会的职高学校来说，它们可提供许多值得借鉴的经验。

作为职高学校的校长，孙利红认为职业生涯规划从高二就要正式开始。"从心理学角度来说，高中阶段前最主要的是培养学生的行为守则，高一的学生还有很大的可变性，所以高二便是学生职业生涯规划正式开始的良机。"孙利红说。

在孙利红看来，职高学校除了要培养蓝领之外，同样可以培养在技术创新、设计研发、创业营销等方面一展身手的人才。为此，学校设立了"1112"工程，希望将来有五分之一的毕业生能自主创业，五分之一的毕业生能从事设计研发工作，五分之一的毕业生能成为企业的技术骨干，剩下的五分之二的毕业生成为合格的蓝领。

近三年里，在“1112”教学策略的实施下，萧山三职的学生中已有6人闯进了全国中职生技能大赛，取得了2金4银的佳绩。在全国中职学生服装技能大赛中，浙江省获得的第一块金牌就是由萧山三职的学生赢得的。目前，学校拥有多项国家发明专利，2014年荣获国家科技进步奖一项；2014年国际旅游小姐大奖赛“五强”之一的丁茜琳是服装专业高三的学生。甚至有服装专业的同学通过层层考试，被世界四大美术学院之一的俄罗斯列宾学院油画专业录取，列宾学院是世界最顶尖的油画院校，作为中职生，能够征服考官，相当不易。

快问快答

1. 大浙教育：有不良情绪时您如何排解？

答：去学生中间，看他们实训、上课。

2. 大浙教育：您平时还有什么爱好？

答：看书，写体验。

3. 大浙教育：什么是您早年深信不疑，而如今深表怀疑的？

答：曾经深信职高比普高的成就感更高，但现在发现职高在人们心目中形象不佳，有点失望。

4. 大浙教育：您现在最关注教育领域的哪些方面？

答：职业教育应有一个真正的学生评价标准。

5. 大浙教育：您欣赏学生或者朋友身上的哪些特质？

答：有激情，有责任感。

6. 大浙教育：您常对孩子说的一句话是什么？

答：做个敢作敢为的人。

7. 大浙教育：过去的人生中对您影响最大的人是谁？

答：父母，他们教我踏实做人，以及勤奋和有爱心。

8. 大浙教育：您最恐惧的是什么？

答：学生说“我不要读书”。

（本文作者 谢力）

学校简介

杭州市萧山区第三中等职业学校创办于1986年，现有专任教师150名、教学班49个、在校生1898名。学校设有服装设计、电子与信息技术、现代物流与财务管理三大类专业。

学校先后获得国家级重点中等职业学校、全国职教管理创新学校、中央财政支持实训基地、浙江省一级重点职高、浙江省实训基地、浙江省示范专业等多项荣誉。

职业教育改革之路任重道远

◎杭州市萧山区高级技工学校校长 **许红平**

在2014年萧山区中职学生技能竞赛先进制造类的比赛中，杭州市萧山区高级技工学校（以下简称萧山技工）独揽8个一等奖，几乎垄断了此项赛事。如果将范围扩大到杭州市中职学校学生技能大赛，先进制造类专业的学生在全部9个一等奖中荣获5个奖项，仍旧占据大半壁江山。谁能想到，如今这所杭州职业教育界的“巨无霸”，在5年前仅有15名在编教师，实训设备总价值不足200万元，是杭州地区规模最小的一所技工学校，甚至很多萧山人都不知道它的存在。

是什么让这所学校，在短短的5年多时间里从崛起到跨越再到闻名？对于这个问题，校长许红平心里有一把量尺。在许红平看来，职业学校的校长不仅是一名精通职业教育的专家，更是一名经营学校的能手，他熟知职业教育的规律和特点，前置性地把控职业教育的趋势，主动争取政府和企业的支持，同时，专业设置、培养目标和培养模式必须对接本地的人才需求。

在长达3小时的采访过程中，最让我印象深刻的并非学校晃眼的荣誉，而是近5年艰辛的办学历程。在许多人开始展望职业教育的前景时，许校长有着他的思量。

从教师到企业家年销售额过千万
回职校当校长

按现在的说法，学生时代的许红平一定会被称为“学霸”。1981年，怀着工程师梦想的他，以萧山地区数理化三门科目区状元的优异成绩如愿考入浙江工业大学机械工程专业。

“科学技术是第一生产力”这句话深深地烙印在每个中国人脑中，机械工程也因此成为当时中国最热门、门槛最高的

专业，而许红平所在班级的学业成绩也可称为学校的“龙头老大”。

毕业之际，许红平面临三种选择：国企、事业单位和学校。周围同学的考研成功也激发了他的斗志，显然，如果要考研究生，萧山电大的工作是最合适的，可让他想不到的是，这一待就是20多年。

在20世纪90年代，许红平成为“下海潮”中的一分子，更准确地说，他为了帮助朋友，选择与其一同创业。在创业过程中，许红平发现自行车领域的商机，他便主做自行车贸易，后来开始买地办厂。在办企业的几年中，许红平的客户渐渐覆盖了大半个中国，北至黑龙江哈尔滨，南至广西柳州，年销售额突破1500万元，当时便已成为萧山大规模流通企业。创业成功后的许红平，却始终觉得少了什么。

1998年，许多电大都被其他学校兼并，萧山电大也面临这样的危机。在新校长上任之际，深谙许红平能力的老校长诚恳地邀请他辅佐新校长工作，努力将学校管理好。从教师到企业家，再从企业家到教育者，此时的许红平意识到是到了回报社会的时候了。

“职业教育迎来黄金时代？我不很乐观”

2009年，许红平离开了工作了20余年的萧山电大，被调至萧山技工学校担任校长一职。经历过市场经济洗礼的许校长在对学校的管理上自有他的方法和原则，5年的时间他不仅把萧山电大搞得风生水起，萧山技工学校也发展得日趋强盛。

5年中，萧山技工学校从一所普通的技工学校发展成为国家重点技工学校，再升级整合为集中职和高职教育为一体的高级技工学校；教师编制数从15个增加到232个；实训设备总价值从不足200万元到如今的5000余万元；学生在各级各类技能大赛中从2009年仅获区级奖项11个，到2013年获得国家级、省级、市级、区级奖项110个，再到2014年获得国家级、省级、市级、区级奖项156个；学生生源从无门槛入学到现如今中考成绩350分以上，且平均分

逼近 400 分的学生数量较以往翻两番；教师专利项目从 0 增加到每年的 10 余个……在高考改革、职业教育愈加受到重视的背景下，萧山技工学校的前景可谓一片光明。

然而,许红平校长对职业教育是否能迎来“黄金时代”始终抱着谨慎的态度。“这涉及整个国家的‘顶层设计’，要做好职业教育，不能单纯依靠教育部和人力资源和社会保障部，要从中央政府、地方政府乃至社会各界对很多问题进行顶层规划并加以实施才能实现。”

在许校长看来,“顶层设计”不到位是职业教育健康发展的最大障碍。目前,政府对职业学校有许多“一刀切”的政策,如占地面积、建筑面积、师生人数比例、培养经费、实训设备价值、教师收入等，均按统一标准来规划，而不是按照专业性质和培养难易程度来规划。

许校长举了个例子：在建筑面积方面，文经类专业只需要教室 1.5 平方米、实验室 1.5 平方米、寝室 2 平方米，人均共需 5 平方米；但数控加工中心专业，光是设备占地就要 10 平方米。在学生人均培养经费方面，文经类专业的学生只需要 5000 元左右，而数控加工中心专业的学生则需要 20000 元左右，这些工程类专业的人才需求远大于文经类。在师生人数比例方面，一个会计专业班只需要一名任课教师，工程类专业实操课每 10 名学生就要配 1 名教师。在实

训设备的投入方面各专业之间的差距更大，文经类专业人均只需要6000元左右，而工程类专业人均至少要10万元以上。

“一刀切”政策所产生的结果是，职业学校不得已只能多招社会需求量少的专业的学生。但是职业学校的培养方向，应以工程应用类为主。但由于工程类专业的教师难聘，学生人均培养成本高，占地面积和建筑面积要求大，实训设备投入大且维护经费高，导致很多职业学校偏文经而轻工程，即使已开设了工程应用类专业，但往往也都是“纸上谈兵”式的教育，而非实战状态下的教育，学生毕业后也不受用人单位欢迎。

“以我们学校为例，培养经费低的专业每年只需5000元，而高的则需20000元。然而20000元专业培养的学生，社会需求量最大，就业以后月薪很快便能接近万元。”

师资培养则是另一个亟待解决的问题。职业教育师资培养不同于普通教育，相对来说，职业教育培养更难。目前，我国还没有形成完整的职业教育师资培养体系，因为职业教育的教师既需要有企业工作的经验，又需要有教育工作的能力。所以，现阶段我国急需形成由中学、职业学校、高等院校、企业和行业共同参与的职业教育师资培养体系。另外，职业学校还需打通企业和学校的用人渠道，将企业优秀的人才引进学校，更需完善职业教育教师绩效工资体系，否则不仅优秀的人才无法引进，学校优秀的双师型教师还可能会倒流到企业。

许红平校长还认

为：只有企业真正融入到职业教育中，企业和学校之间才会产生良性循环，这是多赢的选择。“校企深度融合是未来职业教育的走向，企业元素渗透得越多，职业教育就能真正办好，培养的优秀技术技能型人才就能加快企业转型升级的步伐，国家才能富强。因为技术技能型人才强实体企业才强，实体企业强国家才强。”

如果以上问题不解决，职业教育的“春天”就无法到来。

职业教育培养的
是技术技能型人才

“周浩弃北大上技校”的新闻引起了社会的广泛讨论。在萧山高级技工学校也有一位“周浩”，他的成绩是可以被萧山中学录取的，但他最终选择了萧山高级技工学校，社会舆论支持周浩选择的声音几乎是“一边倒”的，但真正发生在个人和家庭身上时，恐怕仍旧难以被理解。

“如果是你的孩子，你会让他读职校吗？”许校长说，“作为职业学校的校

长，如果我的孩子适合职业教育，我一定会让他选择职业学校。”在许红平看来，随着我国普通高校毕业生就业越来越难，就业结构性矛盾的日益凸显，就读职业学校必将成为越来越多成绩优异的中学毕业生的明智选择。

许校长认为人才可分为研究型人才、工程型人才、管理型人才和技术技能型人才四类。四类人才共同承担着推动人类文明的使命，他们相辅相成、不分优劣、缺一不可。但在社会发展进程中的不同时期，社会对这四类人才的构成比例有不同的要求。综观各发达国家的发展过程，其人才培养结构基本上是研究型人才、工程型人才和管理型人才占总人口数的 15% ～ 20%，技术技能型人才占总人口数的 60% ～ 70%，其余的都是简单的重复性作业的劳动者。

人才是创造社会财富的核心力量，任何能创造社会财富成果或产品价值的，均由其科技含量、材料品质、美观大气的外形和制造质量四大要素决定，其中高的制造质量是使前三者价值最大化的根本保证，这是每一个国际知名品牌成果或产品的共同特质。而技术型人才和技能型人才是将研究型人才的科研成果转化为创造社会财富成果的最关键、最核心的力量，也是将工程管理型人才的规划或设计转变为现实或产品的最关键、最核心的力量，是保证高质量的成果或产品的最关键、最核心力量。但目前我国人才培养的结构和模式让大部分孩子都做了研究型、工程型和管理型人才。

在我国，虽然很少有人否定职业教育的重要性，但是在现实中，人们对职业教育充满偏见。近年来，职业教育虽被高度重视，却鲜有职业学校成为家长和学生追捧和深造的首选。

数年前，许红平校长考察德国职业教育时发现，德国学生小学毕业选择职业学校或是普通学校，家长和学生大多听从班主任的建议。究其原因在于，德国是均富国家，科学家和打工者的收入相差不大，即使有差距，也均被税收政策调节了。“我们国家技术技能型人才一年的收入几十万元不在少数，只是我们不清楚罢了。”

因此，针对如何培养技术技能型人才，萧山高级技工学校规划了“三位一体”的培养目标。“三位一体”是指具备高尚的人格、人品，有高等学历支撑的专业理论水平和有高级职业资格支撑的实际操作能力。

培养技术技能型人才是不是一句套话？许红平校长完全不这么认为，在萧山区数控大赛中，萧山高级技工学校的两名实习生与在职员工的同台竞技中获得了第一名与第三名的好成绩，实习生击败在职员工，许校长一点也不意外。

“现在实体企业的生产设备自动化程度越来越高，操作也变得越来越简单，但设备调试和维护的技术要求却很高，只有具备专业的理论水平和实际调试、维护与操作能力，才会得到感悟，从而运用自如，这正是我们的人才培养目标，也是当今企业的迫切需求。这从萧山区各大企业争抢我校毕业生的激烈程度就可以证明。”

快问快答

1. 大浙教育：最近让您感触最深的一件事情是什么？

答：我们学校两个实习生，在整个萧山区所有企业的数控大赛中（与在职员工同台较量），分别获得第一名和第三名，实习期间就被萧山区授予“技术能手”称号。这说明我们的教育是成功的。

2. 大浙教育：有不良情绪时您如何排解？

答：喝酒、唱歌。

3. 大浙教育：您平时还有什么爱好？

答：旅游、摄影、下围棋。

4. 大浙教育：您最近烦恼的事情是什么？

答：没有。

5. 大浙教育：什么是您早年深信不疑，而如今深表怀疑的？

答：对“重视教育”的口号深表怀疑。

6. 大浙教育：您现在最关注教育领域的哪些方面？

答：真正的改革。

7. 大浙教育：您欣赏学生或者朋友身上的哪些特质？

答：阳光、自信、利他、真诚、分享。

8. 大浙教育：您常对孩子说的一句话是什么？

答：多为团队和他人考虑。

9. 大浙教育：过去的人生中对您影响最大的人是谁？

答：父母和老师。

10. 大浙教育：您最恐惧的是什么？

答：老去，从而不能为职教事业而工作。

（本文作者　谢力）

学校简介

杭州市萧山区高级技工学校创办于1979年，由杭州市萧山区人民政府创办，隶属于萧山区人力资源和社会保障局。经过全校师生近6年的艰苦创业、勇于创新、敢于创造，学校实现了“三级连跳”，即从一所省级重点技工学校升级为国家重点技工学校，再升级为集中职和高职教育为一体的高级技工学校。2015年7月，浙江省人民政府正式下文批准筹建杭州萧山技师学院，学校一跃成为杭州市萧山区办学体量最大、产业辐射最广、办学层次最高的职业技术学校。

目前，学校师资实力雄厚，设施设备先进，办学特色明显，办学成果显著，学校已从一个行业追随者逐步成为行业的引领者，被浙江省职业教育的很多专家公认为浙江省职业教育的一条“鲶鱼”，成为全国职业教育领域的一颗新星。

让每个人都有人生出彩的机会

◎杭州市临平职业高级中学校长　**王方鸣**

墨子思想

职教文化的源头活水

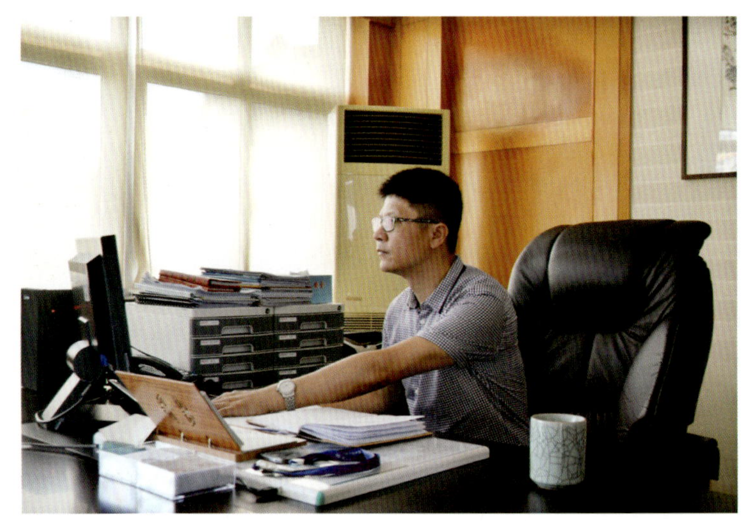

有什么比环境更能影响一个人？那就是文化。

临平职业高级中学（以下简称临平职高）校长王方鸣具有多年教育行政管理经验，他这样总结道："虽然我没有在一线当校长的经验，但作为行政管理者来到学校，有我的优势，因为职业学校不仅仅是学校，更是一个社会，它需要方方面面的资源。"

在临平职高的历任校长看来，墨子思想重视实践和创新能力培养，与职业教育浑然天成，它正是当代职业教育必备的思想基础，是职业教育文化建设的源头活水。

阳光雨露26载，临平职高用自己的实际行动向社会交出了一份漂亮的答卷，在中国职业教育的发展历程中铸造了一张"金名片"。

临平职高（余杭区技工学校）是国家级重点职高、国家级重点技校，现有91个教学班、4132名在校学生，拥有80余个按标准配备的各类实验、实习、实训场室。学校目前设置数控、计算机、财会、汽电、商旅五个专业部和数控、计算机、汽修、电子电工、财会、商贸、旅游服务与管理七大骨干专业。其中，数控、计算机专业是浙江省示范专业，会计、商品经营专业是杭州市示范专业；数控专业基地为国家级示范性实训基地，与西门子（中国）有限公司建立了数控培训系统应用合作伙伴关系；计算机专业基地为浙江省实训基地。同时，学校是微软全球认证中心授权的教育培训考试中心、全国大中专工科学生AutoCAD软件认证项目授权考试站。

建校短短 26 载的临平职高，为何会有如此傲人的成绩？“士虽有学，而行为本焉。”早在 2000 多年前，先贤墨子的思想光彻华夏大地。墨家教学注重教书育人、学以致用，即使有广博的知识，还应以实践为根本。墨家教学的实践性用以指导当前的职业教育和教学工作颇为贴切。

教学文化

寓教于乐

临平职高秉承“兼爱非攻，赏贤使能”的办学理念，始终坚持“成才先成人，立人先立德”的办学思路，在突出学业成绩、技能水平的同时，十分重视学生良好品德、职业素养的提升。

文化是学校发展的软实力。墨子文化作为学校主流文化固然是瑰宝、财富，然而随着时代的发展，传统文化必将加入更为新鲜的血液才适合这个时代的发展需要。由此，该校进一步提出了以墨子思想和企业文化为源头的学校文化建设思路，通过经典阅读、专家讲座、实践体验等活动，内化于心、外化于行，培养和熏陶学生的职业技能和素养。师生竞赛叫响全国，高职升学名冠全省，就业质量企业称誉。

通过几年的丰富和发展，临平职高已形成了较为完整的文化体系——严而有序的制度文化、清新典雅的环境文化、文明大方的举止文化、丰富多彩的课余文化、健康有益的寝室文化、知趣兼备的周末文化等。尚德精业的师德修养，和谐协作的人际关系，阳光向上的校园氛围，在临平职高一览无遗。

在专业领域中，学生们更是自我挑战、信心满满，积极参与“人文寻根”、研究性学习、金点子征集、专利发明、创业方案、创业实践、“我的实习故事”、职业生涯规划方案等竞赛类比赛。

“学而时习之，不亦乐乎。”在临平职高的学生身上得到了很好的体现。多年来，临平职高积极推进教育教学改革，实行校企合作、校校合作、工学结合、顶岗实习、产训研一体化的人才培养模式，成果丰硕。

“学校机电专业的闯关式技能教学颇为典型，在学校里非常受学生的欢迎。”所谓“闯关”，即按照工作过程系统化的原理，让学生们对一个一个项目进行游戏闯学，每个闯学任务都需要学生在工作情景中完成，在“做”的过程中建构技术实践知识，使学生能够很好地把知识运用到实践当中去。专业教学实施“闯关式”教学实训模式，实训方法变“你教我学”为“你设我闯”，实训过程变“陈式模仿”为“技能冲关”，评价标准变“分数高低”为“能手等级”，做到基础能力、综合能力、岗位能力逐步推进，达成学生技能螺旋式上升的目标。

钟枭同学是临平职高2008级电子电工专业的学生，在杭州市中等职业学校专业技能竞赛中获得了电子电工专业电子产品装配与调试项目一等奖，是学校出了名的“闯关能手”。钟枭说，“闯关教学”不仅让他体验到了“闯关”的乐趣、“成功”的喜悦，从中还深受启发，激发了他的创新意识。

学校的教学改革也是如此，“幸福语文课堂”“快乐英语”“职高数学生活化”“项目教学”等在文化课教学上也呈现出勃勃生机，使中职课堂焕发出了无穷活力。

现代企业文化
亦居功至伟

"就业有本领，深造有基础，工作有保障，发展有前途。"这是临平职高的办学宗旨，也是学校向社会作出的承诺。

学校不断加强各行业的联系，达成了校企紧密型合作关系。学校先后与杭州地区 80 多家大中企业建立了长期稳定的校企合作，与 300 多家企业签订了"校企实习就业协议"。

在此基础上，学校还持续开展了社会再就业培训、企业员工技能培训和农村劳动力转移培训，5 年来共计培训人员 30000 余名。

团队建设
专业发展

学校实施"以形象工程改变精神面貌、以名师工程培养领军人才、以青蓝工程积蓄后备人才、以教师专业发展培训工程积淀发展后劲"的四项工程和企

业制度，为教师健康成长搭建平台。

比如数控组和电工组的教师，积极参加杭州大精机械制造有限公司的产品试制，已帮助企业研发出“一体成型机”一代和二代产品；屈政伟老师与大精公司施利锋共同发明的多功能扳手和无线信号接收增益装置，已申报并取得专利；机电组的马旭洲、郭刚、印志强老师合作制作的 PLC 教学装置获省、市创新创业杯一等奖，相关产品市场前景喜人……通过与企业“产训研一体化”合作，实现了教学过程与生产过程、教学标准与生产标准的有效对接，不仅丰富了教学内容和模式，促进了教师的专业技能发展，也为更好地“传道、授业、解惑”提供了丰富的实践经验。

经过多年的培育和发展，目前，学校已形成了“骨干专业显特色，辅助专业为补充，各专业协调发展”的专业建设格局。

注重“差异化”人才培养

共筑人生新舞台

在临平职高，打造一支结构合理、师德高尚、业务精湛的师资团队，是其铸就品牌、跨越发展的基石。在这里，教师与学生像朋友、像搭档，他们不断探索、不断创造，以职业教育之花催生德技双馨的现代“追梦人”，在人生的舞台上演绎着各自的精彩。

欲立学生，先立教师。临平职高在“墨子思想”的浸润下，着力打造以敬业、团结、卓越为内核的具有“鸿雁”精神的师资团队，制定完备的人才培养制度，引进先进的现代企业文化，在师资队伍建设方面取得了卓著的成效。

学校注重提升教师队伍水平，着力于“领头雁”队伍建设。历年来，学校组织开展“蓝青结对”、校本培训、教研交流、公开课和课题研究、学生评教等活动，促进教师水平整体提高。

教师有梦，学生亦有梦。自建校以来，临平职高创设多种成才环境与平台，助推学生的多彩梦想一一照进现实，扎扎实实闯出了成长、升学、就业三丰收的办学之路。

“德不优者不能怀远。”政教处的系列主题教育活动、团委的特色文体活动、专业部的专题讲座和班级的文化建设，让学生形成了良好品德，弘扬“向善”正气。

因循办学的高度和知名度为学校带来了良性循环。临平职高开创了招生、就业、升学的“全旺”局面：招生连年爆满，很多学子慕名而来，部分学生的入学分数甚至达到了重点高中的要求；就业有门路，每年的毕业生就业率达到98.3%，专业对口率 81.6%。许多毕业生工作后成为所在公司的主管和技术骨干，少数毕业生还自己创业成为“小老板”；升学有通道，临平职高在杭州市会考、统考和抽测考中优秀率、合格率名列前茅，全国高职考遥遥领先。2013年有 634 人升入高校深造，本科上线 53 人，其中有 9 人进入全省前十名，张立、朱玲玲同学名列全省并列第一，另 1 人获全省第二，76 人进入全省前 100 名。2014 年高职考再创佳绩，王涛、汤小菊并列商贸专业全省第一，冯煜鑫获数控专业全省第一，51 人上本科线，13 人进入全省前 10 名，65 人进入全省前 100 名。

学生以“就业有本领、深造有基础、工作有保障、发展有前途”的不争事实，为学校办学效益做出了最好的诠释。

（本文作者　谢力　陈海泉）

学校简介

杭州市临平职业高级中学创办于1988年，是国家级重点职业高中，省一级职业学校。2012年8月，学校与余杭区技工学校合并，现占地面积约13.7万平方米，建筑面积约7.87万平方米，有教学班91个，在校学生4132名，教职工353名。

学校开设电子商务、数控加工技术、计算机应用、旅游服务与管理、会计、机电技术、商务英语、商品经营、数字媒体技术应用、计算机网络、汽车运用与维修等专业。学校建有全国AutoCAD软件认证考试站和数控车、钳工、电工等10多个工种的职业技能鉴定站，并与西门子（中国）有限公司建立了数控培训系统应用合作伙伴关系。学校除开设三年制普通职高班外，还与浙江商业职业学院等高校合作，开设“3+2”五年一贯制专业，实现中职与高职相衔接的办学模式。

学校坚持“技能与品德并举，就业与升学并重”的办学思想，师生技能竞赛享誉全国。周超等3名学生分别获得全国数控技能大赛、国际办公软件核心技能大赛中国赛区冠军；12名教师获全国说课比赛、信息化比赛全国冠军；学生高职考成绩全省领先。

学校荣获全国职业院校综合质量百强名校、全国科研兴校先进单位、全国科研兴教示范基地、省职业教育先进单位等百余项称号，成为余杭职业教育对外展示的一个窗口，对全省乃至全国中职教育起到了示范和推动作用。

“心有猛虎，细嗅蔷薇”的好校长

◎杭州市良渚职业高级中学校长　赵建强

“字字句句求真知，点点滴滴立品行”，工作中，他是脚踏实地的簇拥者；“荣曜秋菊，华茂春松”，生活中，他也是美的追求者。他曾是一位青涩懵懂的农村少年，三尺讲台助他成长为一位挥斥方遒的好校长。时光像雕刻者般将这块璞玉雕琢，唯一不变的，是他那颗拳拳赤子心。他就是杭州市良渚职业高级中学（以下简称良渚职高）的校长赵建强。

初见赵校长，小编惊讶于他的年轻，看似未到不惑却已是一校之长，小编认为他是幸运的。深聊后，小编惊讶于校长的深藏不露，其实早已年逾不惑。他工作与生活的活力来源于哪里？他又有什么样的故事？就让我们一起来认识这位“心有猛虎，细嗅蔷薇”的好校长。

“工科男”的讲台“逆袭”

1990年，赵建强刚刚成为一名人民教师时，还是个不折不扣的“工科男”，文文弱弱，又害羞腼腆。第一次上课时，他面对数十个学生简直是“手足无措”。“我是个在农村长大的孩子，思想很淳朴，也比较害羞，很少在众人面前说话，刚开始面对那么多学生真的不知道该怎么办。”赵建强说。即便是十多年后，当他带的第一届学生开同学会时，学生们依然对赵建强初来乍到时的青涩记忆犹新。

虽然当时赵建强从事教育行业在一定程度上是服从安排的，但对赵建强来说，教书育人对自己、对家庭和对社会都有非常重要的意义，能帮助学生实现梦想是一件充满成就感的事。这份职业的神圣感和使命感让他下定决心改变自己。

“一个人有了理想就等于为成功开好了头，也缩短了与成功之间的距离。”如今的赵建强可以面对众多师生和媒体侃侃而谈，不论什么话题，他都能信手拈来、逻辑缜密、见解独到。这些年的努力将他塑造成了一位成功的演说家，这也印证了他曾经对全校师生说过的一句话：“一个人的起点可能是平凡的，但没有什么可以阻挡我们走向卓越，坚持前行，不要做‘行动的矮子’。”

调职开创“新天地”

2010 年，赵建强从临平职业高级中学被调到良渚职高担任校长一职。学校校园建设滞后、设施设备简陋，在区内几所职校中规模较小，社会关注度不够，学校急需改善硬件设施设备，以此提升学校软实力。一时间，赵建强感受到了肩上这副担子的份量。

但是，赵建强最终将这份压力化为他前进的动力。虽然良渚职高的起点不高，但在赵建强眼里却有一个可以飞跃的空间。赵建强接任校长后，第一时间开启了校园的改造扩建工作，用 3 年的时间提升了办学条件，用 5 年的时间在

这块土地上打造出了良渚职高的品牌特色。

在赵校长和老师们的努力下，学校投入5000多万元用于改造校园，使得原本占地只有13.3万平方米的校园如今已扩建成30万平方米，综合楼、教学楼拔地而起，煤渣跑道也改造成了塑胶跑道……硬件基础的改善，对学校来说是一个质的飞跃。改造前总价不超30万元的专业学习设备，如今投入了2000多万元，对于职业高中来说，这足以奠定学校办学的物质基础。

说起良渚，人们便将“文化”与之相联。来到良渚职高，打造特色校园文化，便成了赵建强经营学校理念下的又一大抓手。他挖掘校训“厚德修身，博能立业”的内涵，将学生“德”的培养与“能”的练就放在同等重要的位置，希望学生既要有良好的技能，又要有高尚的德行。连续三个学年，他将德育作为学校教学的主题，将“真、善、美”的理念植入学生心田。在赵建强的引领下，学校逐步健全科学适宜的教育教学管理机制和评价机制，教学质量稳步提升，学生在各级各类竞赛中频频获奖，教师教科研氛围浓厚，师生竞赛成绩跻身杭州市中等职业学校的前列。如今，“文化立校，弘扬良职文化”成为学校的一张名片，大大提升了学校的软实力。

“心有猛虎，细嗅蔷薇”的好校长

英国诗人西格里夫萨松的代表作《于我，过去，现在以及未来》中有一句话是：“In me the tiger sniffs the rose。”诗人余光中将其翻译成：“心有猛虎，细嗅蔷薇。”意思是老虎也会有细嗅蔷薇的时候，讲的是人性中阳刚与阴柔的两面。小编认为这句诗，便是赵建强校长的真实写照：虽出身工科，但心中也满是人文情怀。

在正对校门的广场上，有一面很高的浮雕墙，上面刻有“先民辛勤劳作，荀子开坛讲学”等良渚地域特色的图案，这正是由赵建强构思的。在浮雕设计之初，赵建强就希望可以通过这幅浮雕来让学生铭记并传承勤劳、朴实的良渚文化。在赵建强看来，浮雕上的内容是学校的文化之魂，也是学校核心价值的追求。赵建强希望良渚职高的学生们真正了解自己所生长的这方热土，从而为之努力奋斗。

如今，浮雕墙矗立在全校最中心的位置，像是一位守护爱子的慈母，注视着每一位往来的师生，看着他们一点一点的成长，看着良渚文化一代一代的传承……也许，浮雕正是赵建强的一个意象，一个正在实现中的梦想。

没有超能力，却是位“超级英雄”

在前往良渚职高的路上，一位教师告诉大浙教育的小编，家住临平的赵建强，2010 年调任良渚职高后每天上、下班需要开车两个多小时，五年多起早摸

黑的日子让学校的老师们都倍感钦佩。

如此高涨的工作热情，经过五年多的洗涤有增无减，这种力量来源于哪里？又是用什么在维持？

小编带着钦佩的感情询问了赵建强校长。他平实的回答让小编感到意料之外，却在情理之中，那就是责任二字。

或许正像赵建强所说，他在农村长大，从小接触的环境简单，人情单纯、朴实，正是这样的环境使他逐渐成为了简单、朴实的人。古语有云："既来之，则安之。"来到良渚职高的赵建强唯一的梦想就是"居其位，安其职，尽其诚而不逾其度"。他说："当了校长，我就要全力办好这所学校，尽一切力量去传承这里的文化。"

"我在这个位置，就要负起责任，为学生、教师和学校负责。教育是一种服务，做好本职工作是基本源泉。"

一句"责任"，说则易，行则艰，其中甜酸苦辣更不是寥寥数句可以形容的。"超级英雄"只是世人的一个美好幻想，但实际肩负着"让世界更美好"的重任，却是没有"超能力"的普通人。对于良渚职高的师生来说，赵建强便是他们的"超级英雄"，他用自己的身体力行实践着"用平凡的工作成就学生美好的梦想"，这也是所有职教人正在为之奋斗的事。

（本文作者　马尊正）

学校简介

杭州市良渚职业高级中学创办于1956年，学校坐落于“中华文明的曙光”——良渚文化发源地荀山，这里环境宜人，底蕴丰厚。学校秉承“厚德修身、博能立业”之校训，坚持“以质立校、以特兴校”之信念，立足规范、开拓创新，教育教学成果日益丰硕，综合办学实力与社会影响力不断跃升。学校曾获杭州市人民满意学校、杭州市青年志愿者先进集体、浙江省语言文字规范化示范校、浙江省课程改革责任学校、浙江省重点中等职业学校等多项称号。

目前，学校设有化工、烹饪与财会三大主干专业。其中，化工专业是浙江省示范专业、浙江省实训基地、浙江省专业课程改革责任学校；烹饪专业与比利时杜伊能餐饮学院合作办学，是余杭区重点发展的特色专业，是余杭区厨师培训基地和技能考核鉴定站，被誉为现代厨师培养的摇篮。学校教育设施设备完善，有按国家标准配备的化工、烹饪、财会、物流等六大专业实验实训区，实验实训基地近50个。学校现有30个教学班，1300余名学生。

“精致和谐、大气开放”是全体良渚职高人孜孜以求的共同愿景。相信良渚职高这座“小学校”在良渚文化的发祥地上能传承培育良渚的“大文化”。

极目远眺的实干家

◎杭州市闲林职业高级中学校长　丁卫东

在回忆从事教育事业的点滴时，丁卫东校长兴奋地谈起1993年8月24日的情景，也就是他到乔司职业高级中学报到的那天。当被问及为什么会如此清晰地记得20多年前的这个日子时，丁校长却只是淡淡地笑了笑，说："那也许缘于一种情结吧。"

2014年夏天，丁卫东被调任至闲林职业高级中学（以下简称闲林职高），这位被教育圈人士公认为实战派的人物，相信此行又将开启一个崭新的明天。

"年轻"的老校长

如果不是学校领导的影响，丁卫东或许有机会在杭州办一次属于自己的画展。时年，从浙江林学院美术专业毕业的丁卫东最初的选择并非是成为一名教师。彼时市场经济正开始散发着前所未有的活力，下海经商的浪潮席卷有能力、有想法的人。

无论从哪个角度来看，丁卫东似乎都应该做出走向市场的选择，以他的美术功底，在广告策划公司工作会非常合适。"那时不少教师离开了学校，其中很多人现已事业有成，成为了大老板。"丁卫东回忆。但他最终却将躁动的青春安放在乔司职业高级中学整整21个年头。

在乔司职业高级中学工作仅半年之后，由于出色的活动组织能力，他被领导任命为团委书记。"领导那个决定对我来说是一个冲击。"丁卫东校长将自己扎根于职业教育事业的原因归结于别人对自己的器重。

在经历2年团委书记的工作后，丁卫东被任命为教导处副主任，主管学生的思想工作。正因如此，他开始主教政治课程，就这样他逐渐放下了自己的专业。2000

年下半年，丁卫东被任命为校长助理，2001 年 1 月，29 岁的他还未过而立之年便升任副校长，成为当时高中段最年轻的副校长。

这个副校长一当就是 8 年半。从德育到教学，又从教学到德育，只要跟学生有关的工作他都曾负责过。但这个漫长的过程在丁卫东看来，却是弥足珍贵的经历。“回首过去，近 9 年的副校长生涯对我来说是一件好事，让我近距离地学习到几任校长对学校管理的方针，这对我后来管理学校的帮助很大。”

自 2009 年出任校长以来，乔司职业高级中学在校长丁卫东的带领下，产生质的飞跃，取得了一系列傲人的成绩，丁校长却认为这些成绩的取得并非一朝一夕，他清楚地认识到成功的背后定有一个积蓄的过程，因为有了此前的积蓄，才会有后来的薄发。以特级教师的培养为例，学校此前就为这名教师有意识地搭建培养平台，这才有了后来 2014 年评选的余杭区职业高中唯一一名特级教师。

“对我而言，如果将现在的自己认为是所谓的成功的话，那么近 9 年的副校长经历是成功必不可少的因素。”

“懒人”的经营哲学

丁校长形容自己是一个很懒的人，他言简意赅地说：“职业教育是开放式的教育，校长不应该一天到晚忙于学校的事务性工作，而应把握时代发展的脉搏，多联络、常学习、勤思考、善统筹，及时将外面的信息带回学校，用自己的智慧和胸怀引领学校发展，努力营造‘与人为善，成人之美’的人际环境。”

闲林职高的主教学楼上挂着这样一幅标语：“有困难找领导，有需要找学校。”粗略读来非常官方，细细品味又意味深长。

闲林职高的前身是杭州青年中学，1958 年建校，后改名为职业高中；而乔司职业高中是 1960 年建校的，起初是一所初中，后来变成了普通高中，之后又改制为职高。从建校历程来看，两所学校的变革非常相似。

2009 年，丁卫东接任乔司职高校长，第二年便是学校建校 50 周年。那年暑假，初任校长的丁卫东始终在思考如何出色地，甚至是超出预期地扮演好校长这个角色，最终，他得到的答案就是人。

“教师强则学生强，学生强则学校强。”丁校长说他最常和老师们说的就是“与人

为善，成人之美”。成全别人即是成就自己，当整个队伍有一股凝聚力，人与人之间的沟通非常顺畅时，团队就会产生非常高的效率。丁卫东喜欢把学校比喻成一个团，校长就是团长，团长就应该考虑怎么谋划、怎么指挥打赢战争。

有了在乔司职高成功的经验，丁卫东校长初到闲林职高后，最先考虑的就是如何把人的因素调动起来。于是便有了“有困难找领导，有需要找学校”这幅标语。这也许也恰恰是他“懒人”哲学的充分体现：积极调动教师情绪便是将学校运作的效率最大化。丁校长认为企业与学校在本质上有非常大的不同，企业是创造价值，学校是输出人才，但从管理者的角度讲，两者在本质上就是如何高效地调控人这个因素，这样看来，职业学校是需要用心经营的。

实干家的办学理念：品质决定一切

在乔司职高任教时，丁卫东就曾提出要“办品质的职业高中”的理念。如今，调任到了闲林职高，他更是以实干家的胸襟，提出了“办特色职业学校”的理念。那么，什么才能算作是有特色呢？

闲林职高的三个专业当中，学前教育无疑是最具影响力的，这不仅因为它悠久的历史（1984 年设立），更是因为闲林职高培养出了 100 多名幼儿园园长。近年来，学前教育专业还与浙江师范大学杭州幼儿师范学院和金华职业技术学院开展合作，开设了五年一贯制班。

丁校长认为这还远远不够，学校还应努力拓宽学生的升学途径，逐步探索“3+4”办学模式，这也意味着今后选择闲林职高幼师专业的学生一进校也许就

是本科生。在他不断的努力争取下，教育局现已同意，2015 年闲林职高学前教育专业大专班的招生生源提升到了整个余杭区的第一批进行招生。同时，丁校长还提出将探索更多的校企合作办学模式方案，以提高学生的专业素养，真正实现学生“升学有望，就业有路”的目标。

2014 年 12 月，闲林职业高中举办了一场“学前教育办学 30 周年成果展示会”，操办过 50 周年校庆的丁卫东知道举办这种活动很辛苦，但他深深地觉得应该让更多的人了解闲林职高，了解学校的办学特色。“我们不仅要让别人知道学前教育专业的办学成果，更要让人们知道我们的职业教育在切实地为社会服务。”

说到学校的专业建设，丁卫东语重心长地说：“办好专业是职业教育的生命线。专业的打造必须符合市场规律，要具有广阔的市场需求和生命力，能为学生一生的事业发展夯实基础。”

在未来几年，闲林职高的改造、扩建工程将分期展开。工程完工后，学校的住宿条件将大为改善，学校的“学生创业孵化园”将进一步促成产、学、研一体化，能有效促进学生的专业技能和动手实践能力的提高，增强学生就业竞争力。综合楼、特色专业用房等建筑物的完成，将会为师生提供更为宽敞、舒适的学习、活动环境。相信在丁卫东校长的领导下，闲林职高将会成功地打造

出学前教育这个特色专业，从而以这个特色品牌的创建来带动电子电工这个主体专业的加强以及计算机这个新兴专业的形成。学校借助地理位置的优势，依托阿里巴巴集团的资源，努力将最前沿的信息与技术带给学生。

快问快答

1. 大浙教育：最近让您感触最深的一件事情是什么？

答：来到新学校，教职工对我的接纳和期待，让我感受到老师们的实在。

2. 大浙教育：有不良情绪时您如何排解？

答：自我消除。

3. 大浙教育：您平时还有什么爱好？

答：看看书、写写字。

4. 大浙教育：您最近烦恼的事情是什么？

答：如何尽快发展学校。

5. 大浙教育：什么是您早年深信不疑，而如今深表怀疑的？

答：职业理想。

6. 大浙教育：您现在最关注教育领域的什么？

答：职业教育专业建设。

7. 大浙教育：您欣赏的学生或者朋友身上有什么样的特质？

答：健康向上。

8. 大浙教育：您常对孩子说的一句话是什么？

答：多出去玩。

9. 大浙教育：过去的人生中对您影响最大的人是谁？

答：父亲。

10. 大浙教育：您最恐惧的是什么？

答：得不到别人的认可。

（本文作者　谢力　张瑜）

学校简介

杭州市闲林职业高级中学坐落于美丽的西溪湿地之畔，毗邻杭州未来科技城（海创园）和阿里巴巴淘宝城，紧依杭州梦想小镇，环境优美，交通便捷，设施完善。

学校以“文化统领、特色发展、师生幸福”为办学愿景，现已建有电子电工、学前教育、计算机三大专业，共有37个教学班，在校学生近1700人，在职在编教职工103人，其中高、中级教师63人，硕士研究生学历教师15人，1人获省“春蚕奖”荣誉称号，1人获区名校长荣誉称号。15人获杭州市级荣誉称号，3人被评为余杭区学科带头人，44人被评为余杭区教坛新秀、骨干教师。

学校坚持“升学有望、就业有路”的办学方向。近年来，不仅每年都有大量学生升入高职院校，还有不少学生考入本科院校。学校积极架构中高职衔接体系，先后与湖州职业技术学院、杭州万向职业技术学院、浙江师范大学杭州幼儿师范学院、金华职业技术学院合作办学，开设了多个“3+2”班和五年一贯制大专班，为学生创设了更多升学空间。

学校成立教育集团，共建教育集团附属幼儿园，同时，还与20多家企业建立了长期的校企合作关系，积极探索现代学徒制等教学形式，有效提升了学生的职业素养，拓宽了学生的就业门路。

适合的教育就是最好的教育

◎杭州市富阳区职业高级中学校长　陆志松*

*2014 年 6 月，陆志松校长由于年龄原因转任学校党委书记，并于 2015 年 9 月卸任。

陆校长的笑容温暖谦和，眼神清澈睿智，言行举止间透露出的尽是时光所赋予一位长者的智慧。

作为年轻人，“淡然处世”是小编一直相当敬佩的境界，但却从来不知，要达到这种境界究竟需要多少磨炼。若非随着采访的深入，谁也想不到，看上去如此气定神闲的长者曾经历过巨大的起落。

陆志松校长说，自己年纪不小了，也即将退居二线。但当他回忆起数十年的从教生涯时，再怎么淡然的他，也越聊越激动。究竟是怎样的故事，让他如此兴奋，又让小编如此敬佩，下面就让我们走进杭州市富阳区职业高级中学（以下简称富阳职高）陆志松校长的峥嵘岁月。

“既来之，则安之”，一切起于“缘”

“既来之，则安之”，这是大浙教育小编在采访陆志松校长的过程中最强烈的感受。这一时代的人年轻时，心思都相当单纯，心眼也很“直”。

陆志松大学就读师范学校，成绩优异的他毕业后顺其自然地成为了一名光荣的一线教师。

教师是人类灵魂工程师，这份职业崇高的成就感，让陆志松对它的爱越来越深，这是一份助人成才、受人尊重的职业，也让陆志松相当有成就感，他感到了自我价值在教书育人中慢慢得以体现。

预言成真，这位校长挺“玄乎”

从教的数十年间，陆志松担任过班主任、教导主任、团委书记、教学副校长……1999 年当他成为富阳职高校长时，他对职业教育有两个考量：一是办什么样的学校，二是培养什么样的人才。

作为校长，陆志松认为这是两个无法回避的问题。他总结了自己十多年的工作经验，认为首要的，而且最重要的事就是明确学校的发展方向。陆志松阅读了很多国内外职业教育的图书，工作中借鉴了国外职业教育经验，经过反复思考，确立了富阳职高的办学宗旨，即“完善人格、服务社会”八个字。

陆志松说：“教育本身就是个育人的工作，职高的生源与普高的生源有很大的区别，来这里的孩子常常有一些人格上的缺陷，特别是在自信心和意志力方面。他们考不上普高的主要原因并非智商低于别人，而是因为自信和意志力的缺乏、学习习惯不佳等因素。”

职业教育与普通教育相比，最大的区别就是学生毕业后可能会马上走向社会。作为一所职业学校，富阳职高的职责就是让学生将来走向社会后能健康发展，所以教育者要考虑如何教学生服务社会，如何与社会对接。

正是基于职业教育的特点，陆志松提出了十二字的育人目标："德为先，知为基，能为本，生为的。""德"即德育，"知"即知识，"能"是能力，"生"为生计。陆志松说起这个，颇为自豪，这些与在1999年提出的育人目标和2005年全国职教会议上提出的"以就业为导向，以服务社会为宗旨"的目标一致。"学校发展比较稳定的原因在于我们对于办学宗旨和育人目标一以贯之，一步一步推进学校的整体发展。"陆志松说。

在谈起理想的教育工作状态时，陆志松毫不犹豫地说了这么一句话："适合的教育就是最好的教育。"

在他看来，"好学校"和"好校长"必须能为学校、为师生创造良好的环境，提供更多、更好的选择，还能善于引导教师热爱自己的职业。

这样的理想状态，也在陆志松的努力下成为了现实。富阳职高为学生的成才之路创造了无限可能，学生在毕业后可以选择升学、就业或边就业边进修；学校与电大合并，为学生提供了通往专科和本科的升学渠道；对已就业的学生，学校也开设了技工等级培训班，他们可以一边工作，一边充电，从而立足于"不败之地"。

艰难时期负债2300万元，
校长室里遭逼债

陆志松即将退居二线，但他依然对工作充满热情。那么，是什么样的力量支撑着他的工作热情呢？陆志松说："是一份出于对职业教育的情感。"

陆志松在成为校长前，已在这工作了18年。18年是什么概念？是6570个日夜，是可以让一位青涩少年成长为"顶梁柱"的力量。18年的心血让陆志松对职业教育、对富阳职高都满怀深深的感情。

现在如果行走在富阳职高的校园里，你一定无法想象当年陆志松接任校长一职时学校的硬件设施的落后情况。除去校园位置偏僻不说，教室和学生宿舍都只是平房，教学设施极为陈旧，无法跟上教学需求，校园里甚至连一条像样的柏油路都没有，地面泥泞不堪。

陆志松心想：若这个局面无法改善，那么谁会选择来这上学？人气锐减的学校未来又在何方？

那年，这位新校长默默对自己说："就凭我对工作的这份情感，我必须要带领教师把学校办好。"

雷厉风行的陆志松说干就干，但破败的校园、紧张的财政……困难大得远远超乎了他的想象。俗话说："一文钱逼死一位好汉。"经济压力带给学校建设的局限让这群教育者举步维艰，但为了学生和学校的发展，他们不得不走下讲台去筹款。当时，校领导们向教师借钱、向银行贷款，贷款遇到困难时，他们更是请求曾经的学生作担保。

陆志松说："按照规定，有高级职称的教师每人可以贷款50万元，我们4个教师贷了200万元用来支持学校建设，连结婚证、房产证都拿出去抵押了。"最困难的时候，学校的负债多达2300余万元。

然而，最难熬的就是年关将至时，建筑商、供应商等大债主们围坐在校长办公室催款的日子。陆志松至今仍记得当时窘迫的感觉，对于一群舞文弄墨的文人来说，还有什么能比这种境遇令人尴尬的呢？但为了学校的建设和发展，只得劝慰这些债主们，告诉他们这些钱对教育的重大意义。

是校长也是"铁血硬汉"

退休后想做研究

回忆自己精彩的几十年从教生涯，陆志松丝毫没有对当年的冒险有所后悔，连心有余悸都没有表现出来。

作为一位经历过风浪的前辈，他说："为人处世不要总是'悔不过当初'，与其做这样明知是徒劳之事，为何不想想下一步如何解决问题和总结经验？久而久之，考量问题就会变得全面，不再做让自己后悔的事了。"

陆志松的人生信条即是如此，初闻感到有些"铁血"，参透了却不得不叫人拍案叫绝。即将退居二线的他坦言，未来肩上的担子会轻很多。退休后的生活，他的规划依然离不开他热爱一辈子的职业，他说："终于可以静下心来做研究了。"

“退休后，生活少了许多压力，我希望可以整理自己的工作历程，看能不能对今后的职业教育者有所帮助。”陆志松说。此外，他也想要多收集些国内外职业教育的相关资料，总结先进经验，若有机会，能在专业期刊上发表些文章也是极好的。

快问快答

1. 大浙教育：最近让您感触最深的一件事情是什么？

答：职业教育的春天真的来了。

2. 大浙教育：有不良情绪时您如何排解？

答：我心态比较好，也会做好计划，所以一般不会有什么需要调节压力的时候。

3. 大浙教育：您平时还有什么爱好？

答：看书 。

4. 大浙教育：您最近烦恼的事情是什么？

答：没，很轻松，完全做自己所爱的。

5. 大浙教育：什么是您早年深信不疑，而如今深表怀疑的？

答：我遇事比较冷静，看事情也比较有辩证的思维，没有永远的深信不疑也没有永远的深表怀疑。

6. 大浙教育：您现在最关注教育领域的什么？

答：机制建设，平稳发展。

7. 大浙教育：您欣赏的学生或者朋友身上有什么样的特质？

答：一是有头脑，最讨厌“墙头草”；二是坚定地走自己的路。

8. 大浙教育：您常对孩子说的一句话是什么？

答：梦想与习惯。

9. 大浙教育：过去的人生中对您影响最大的人是谁？

答：富阳职高的第一任校长。

10. 大浙教育：您最恐惧的是什么？

答：我是个唯物主义者，不信牛鬼蛇神之说，最害怕的是背后捅刀子的小人。做人一定要大气、阳光。

（本文作者　谢力）

学校简介

杭州市富阳区职业高级中学是被教育部调整认定后的首批国家级重点中等职业学校，国家中等职业教育改革发展示范学校（第二批）。1958 年建校，1983 年创办中等职业教育，是富阳区教育局直属公办学校。2007 年成立富阳区职业技术教育集团，实施名校集团化办学。2011 年 10 月正式立项成为“国家中等职业教育改革发展示范学校建设计划”建设单位（第二批）。2014 年 4 月，学校被评为全国职业教育先进单位。

目前学校中职在校生 4200 余人，年社会培训 10000 余人次。现开设电子技术应用、数控技术及应用、机电一体化、财务会计、汽车运用与维修、园林技术、护理、学前教育、建筑等 10 大类专业，其中电子技术应用专业、汽车运用与维修专业为浙江省示范专业，数控技术及应用、财务会计、学前教育为杭州市示范专业。

目前学校有高级职称教师 84 人，研究生学历以上专任教师 54 人，专任教师学历合格率达 98.91%，“双师型”教师 134 人，学校 70% 以上的教师获得过富阳区级以上荣誉。

职教之梦在此扬帆

◎杭州市富阳区职业教育中心校长　何永刚

杭州市富阳区职业教育中心（以下简称富阳职教中心）位于富阳区高教园区西南角，这所由两校合并的学校距富阳城区约 8 千米。大浙教育小编来到职教中心是上午时分，此时理应是学校一天之中最安静的时候，偌大的校园里却传来阵阵口号声。小编拨通何校长的电话准备约见，电话那头传来的声音则是：“我现在正和学生一起跑操，请你先到综合楼稍等片刻。”

校长和学生一起跑步，虽谈不上奇怪，却也少见。其实，那天不是什么特殊的日子，自 2003 年开始，富阳职教中心的前身富阳市城镇职高和富春职高就将早间跑操视作惯例，并持续十多年之久。在职业教育愈发受到国家重视，政策也逐渐倾斜的背景下，富阳区整合职业教育资源，富阳市城镇职高和富春职高两校合并为富阳区职业教育中心，跑操这一传统也被完好地继承了下来。

“第一技能”，让学生受用一生

“播种行为，收获习惯；播种习惯，收获性格；播种性格，收获命运。”从事职业教育的十多年来，何永刚校长都会把这 24 个字送给学生，他也始终把这句话视作践行职业教育的理念。

在接近两个小时的采访中，小编最直接的感受是，没有“高大上”和口号式的语言，何校长的表达非常“接地气”。

“即便是扫地，我认为这也是一项需要智商和技能的活，每个人的性格都有适合他的工作，但我需要让学生知道，做每一件事都要非常认真。”

将上面的一段话简要概括便是“第一技能”。何永刚校长毫不讳言，职高生存在一些共性的问题：厌学情绪重、成绩相对差、自制力不足。因此对他们的培养，除去文化教育、专业教育、道德教育外，在职业素养上更要有所重视。

他将“第一技能”的内涵概括为：忠诚敬业的精神，踏实勤奋的态度，吃苦耐劳的品质，坚持顽强的意志；团队协助的合作意识，按章办事的规则意识，精益求精的质量意识；良好的适应能力，文明的行为举止，阳光的自信形象。

“第一技能”究竟是一个精雕细琢的概念，还是已然在这所学校深入实践，或许从这样一件小事便能反映出来。午间，与何校长行走在校园里，不时会有学生问好，小编正感叹何校长在学生中那么受青睐，他却摆摆手说：“是我强迫他们这么做的。”强迫？我们凭直觉认为，良好的行为举止在某种程度上是美好内在的体现，言不由衷地问好，岂不成了阿谀奉承？何永刚校长却看到了礼仪举止的另一面，他认为，无论学生的问好是否出自真心，当它成为习惯后必将其内化为自身品质，进入社会后，这些行为细节将终身影响他们的发展。

富阳职教中心秉承的理念正是“德育为本”，让学生在这里的三年中，在意志、品质、能力和职业素养上都得到提升。

国家督学、浙江省教育科学院方展画院长曾这样点评“第一技能”：“‘第一技能’的创新意义在于贴近学生的实际，让受教育者产生需求感，有助于学生具体地认识到良好品行对从业、对人生的意义，从而能更积极地配合学校教育，更主动地开展师生之间的良好‘互动’，提高了学校德育的实际效果；‘第一技能’的创新意义在于借鉴了技能形成原理来改造传统学校的德育工作，使德育工作走向务实，避免了传统德育工作‘隔靴搔痒’的困境，提高了中职学校德育工作的针对性；‘第一技能’的创新意义还在于，借鉴了专业技能训练的

经验，凸显了品行习惯培养的常态化。这种教育方式十分适合中职学生的特点和实际，在某种程度上也体现了中职德育的规律。”

希望教育，
让学生就业有路，升学有望

早在职业教育体系改革前，何永刚校长就不加掩饰地表露过对高等教育的热忱，他甚至认为，不接受高等教育的人，他们的教育历程是不完整的。这听起来丝毫不像职校校长说的话，当时也有不少人提出质疑，职业教育不应该看重升学，因为职校学生多数毕业后就会就业，职业教育应当更注重专业技能水平和就业情况。最终，教育发展的大势证明何校长的话是对的。

自 20 世纪 80 年代末开展职业教育以来，在近 30 年的摸爬滚打中，职业教育始终在学术和技能之间摇摆不定，中职学校，究竟应该看重升学，还是就业，始终没有定论。直到教育部确认 2012～2020 年全面建成现代职业教育体系，这个问题才画上圆满的句号。浙江省正在进行选择性课程改革，未来，600 多所本科院校将转变成应用技术型大学，部分 985、211 的院校也要转变为应用

技术型大学。因为我国缺乏的不是学术研究，而是能够把优秀的研究成果转化为生产力的熟练技术工人。升学将成为职校工作中非常重要的一环。

在富阳职教中心，另一个重要词是“希望教育”。所谓“希望教育”，不仅是让进入职高的学生看到就业的希望，更要让他们感受到未来升学的可能。事实上，以前的职业教育，尤其是中职教育，是低层次的教育，是没有选择的选择,初中毕业无非两条路：普高或职高。选择职高的学生,在进入学校的那一刻，就带着失败的情绪。但事实上，接受高等教育是很多职高学生的希望，也是教育历程中重要的一环。

在何校长看来，接受高等教育，不是一纸文凭的问题，往小处讲，受过高等教育的人对世界的看法更大、更广；往大了说，是一个民族整体素质的问题。做好中、高职教育的衔接，是职教中心的重要目标。

中、高职衔接一直以来都是富阳职教中心的特色，曾经，全省共计在中职学校招收 400 多名本科生，富阳职教中心有 38 名学生被录取。值得一提的是文秘专业，在全省仅招收 40 名本科生的情况下，职教中心连续三年录取人数接近总人数的三分之一。

跑操文化，
让学生更阳光

长久以来，人们或多或少地对职高生有一种难以管理的印象，何永刚校长却在管理职高的十多年里深切感受到，只要足够用心，其实很容易走进他们的内心。何校长将原因归结于学生心思单纯，“相比于普高学生，他们没有太多这样那样的想法，给一点阳光，他们就会灿烂。”

目睹这所学校的跑操时，小编也有这样的切身体会：口号嘹亮、节奏鲜明，再看看他们身边一起跑动的教师和学校领导，就不难理解为什么几千人的队伍也能跑得如此整齐。“跑操文化”的形成，教师事必躬亲自不必说，而何校长更多的是把成绩归功于这些可爱的学生，每当外来人员参观跑操时，他们都会干劲十足、异常认真。

至于跑操的缘起，何校长述说了一段并不光彩的历史。在2003年的时候，学生不读书、经常打架，这让他头疼了很久。“我当时就想，既然精力那么旺盛，就天天让你们跑步！”这一招出乎意料地奏效，跑着跑着，渐渐跑出了现在的“跑操文化”。如今，省内外很多学校前往富阳职教中心观摩跑操，取经学习，回去后加以改进实践。

当好老师，才能成为好校长

不同人眼里的好校长各有各的标准，作为一名教育工作者，何校长认为如果没有教育教学经验的积累，不知道教师工作的辛苦，是做不好校长的。“只有在做好教师的基础上才能成为一名好校长，校长只有深入教师、了解教师，和教师坦诚相待，有什么事情一定要和教师说真话，才能成为得师心的校长。”

“包括关心教师生活，解决他们的后顾之忧；在教师工作的同时提供给他们更多的发展平台，为教师的专业化发展做出规划，引领教师成长。”在被问及好校长的标准时，何校长始终把重点围绕在教师身上，能做到以上几点，无

愧于一位好校长。但相比于普通高中，何校长认为，职业学校与社会结合的程度相对较高，一名好的职校校长还需要调适好外部环境。

当被问及如果不做校长，会从事什么工作的时候，何校长告诉我，即使退休了，他还会待在学校里和学生、教师在一起，15 年的职业教育经历让他深切地感受到没有比这更有意义的工作。“面对这些学生，我觉得我们真的有责任和义务让学生获得提升。”

快问快答

1.大浙教育：最近让您感触最深的一件事情是什么?

答：省、市中小学育人工作座谈会的召开，更坚定了立德树人的信念与我校“第一技能”的践行。

2.大浙教育：有不良情绪时您如何排解?

答：很少有不良情绪，这么多年下来觉得没有过不了的坎。

3.大浙教育：您平时还有什么爱好?

答：游泳等体育活动。

4.大浙教育：您最近烦恼的事情是什么?

答：学校实训设备短缺严重影响学生技能训练。

5.大浙教育：什么是您早年深信不疑，而如今深表怀疑的?

答：这种情况应该没有。观念肯定在不断发生变化，这是一个渐变的过程，这么印象深刻的，真的没有。

6.大浙教育：您现在最关注教育领域的什么?

答：教育的本质——立德树人。

7.大浙教育：您欣赏的学生或者朋友身上有什么样的特质?

答：善良、宽容、爱心。

8.大浙教育：您常对孩子说的一句话是什么?

答：拼命地玩，拼命地学。

9.大浙教育：过去的人生中对您影响最大的人是谁?

答：父亲。父亲的善良、责任心对我的影响很大。

10.大浙教育：您最恐惧的是什么？

答：失去教师的理解和信任。

（本文作者　谢力）

学校简介

杭州市富阳区职业教育中心坐落于富阳区高教园区，占地面积约15.07万平方米，建筑面积约10.5万平方米，总投资达3.2亿元，是富阳区史上投入最大的教育建设项目。学校有教学楼4幢，实训培训大楼3幢，行政图书大楼1幢，学生宿舍6幢，体艺馆1幢，三层食堂1幢，400米标准田径运动场1个，可容纳100个班级，4500名学生。优美的环境，宏大的规模，完善的设施，属全省一流、富阳之最，为全校师生的学习、工作、生活提供了舒适的条件。

学校现为国家级重点中等职业学校，首批浙江省中等职业教育改革发展示范校，首批浙江省中等职业教育德育工作实验基地学校，浙江省中职学生创业基地。学校开设旅游服务、医药化工、信息技术、服装、公共管理与服务、财经商贸六大类20个专业，拥有1个省级骨干专业，3个省级示范专业，1个国家级实训基地，3个省级实训基地，1个省级新兴专业，1个省级产学研联合体。学校一流的实验实训设施为学生的专业技能训练提供了优质的平台。

为了职教梦想做个拼命三郎

◎临安市昌化职业高级中学校长　程本福*

*现为临安市中等职业技术学校校长。

凌晨5点过半，天刚蒙蒙亮，他按下闹钟，起床洗漱，绕着操场一路小跑，跑到第三圈时，学生们也渐渐加入晨跑的队伍中。这是临安昌化职业高级中学（以下简称昌化职高）校长程本福一天的开始。

高个，银边眼镜后清澈的双眸，初见程校长时，他给人以典型知识分子的印象。谈话间抑扬顿挫的语调又透露着一种活泼的幽默感，程校长给人的第一印象精确地反映在他对学校的某些政策的执行上。

采访后的正午，与程校长漫步校园，操场上却静得只听到树枝摇曳的嘶嘶声，程校长告诉我，此时学生们正在午睡。放学后，整个校园却是截然不同的景象，排球场上，程校长与学生们打成一片，打出好球互相庆贺，打了坏球互相调侃。

没有选择的选择，却成为一生的坚持

程本福校长出生在昌化以西的农村，那里至今还延续着非常好的耕读文化。昌西的耕读文化在20世纪尤为突出，这里出身的孩子都明白一个道理：读书可以改变命运。这种文化在当时影响了很多人，程本福便是其中之一。

自小，其父就对他家教严格，程本福家住农村，却从未在天黑后到家。他考上昌化中学后，却在1989年高考中失利，而这次失利却成为他教师生涯的起点。当时村里很缺小学教师，大家非常欣喜高中生为小学代课。做了一段时间代课教师后，程本福思前想后决定复考师范院校。

"实事求是地讲，当时的想法就是跳出龙门，读师范是因为没有选择。"

无论当初的选择是否出于自愿，程校长都已和教育结下了不解之缘，妻子

是中学教师，他是一校之长。在此之前，他曾担任过班主任、团委书记、生活指导教师、德育主任、教务主任，在他的教学履历中，他教过数学、政治，甚至还教过体育。

在昌化职高的 18 年中，程校长起起伏伏。曾经有个患抑郁症的学生自杀，他在凌晨 2 点赶到医院陪同家长。因为他相信，到了人生的最低谷时，坚持就一定能好起来。

如果说顽强的意志品质是程本福眼中好校长必备的素质，那么快乐就是顽强品质的源头。程校长说，不开心的时候，做事非常痛苦，因此他总会让自己的身心保持愉悦，除了和学生、教师一起打乒乓、打排球外，他还常为昌化的天空比城里的蓝而感到快乐。

职校的专业，
在精不在多

昌化镇毗邻杭徽高速，在临安以西 50 千米处。距离高速入口不足 1 千米就是昌化职高，整个昌化镇横向布局，昌化职高位于武隆山脚，遥相呼应的是

坐落于南屏山脚的昌化中学，在这个人口不足3万的小镇上，这是仅有的两所高中，而昌化职高也是昌化地区唯一一所职业高中。

无论从哪个角度看，昌化职高的学校大门也称不上宏伟，但校门两旁的人民法庭和交警中队就像两头石狮一样，威武而庄严，有人戏称昌化职高“左青龙右白虎”，而镇上的人自然也会相信这是昌化镇最安全的地方。

整个学校依山而建，穿过略显局促的校门后拾级而上，视野突然开阔起来。据程校长介绍，学校两次扩建都是搬山建校，他将搬山比作愚公移山，迎难而上、不怕吃苦的愚公精神也在无形中影响着学校的发展建设。的确，作为昌化镇上唯一一所职业高中，这既是一种优势，亦是一种劣势，整个乡镇的职业教育资源都汇聚于此，但受限于地理位置，师资力量无法在交流中获得长足发展，学校发展到如今的的规模着实不易。

城市中的职高大多以特色专业为核心进行全面布局，其中不乏学科类专业，而昌化职高现有的三个专业：数控、旅游和鸡血石雕刻，它们几乎完整地契合了临安市的区域经济特色。

科技与生态是临安市经济建设的两面旗帜。临安的青山湖开发区主要服务工业区块，那里的先进制造业企业有非常旺盛的用人需求，昌化职高每年都有非常多的数控专业学生在这些岗位就业。临安拥有丰富的生态旅游资源，大明山滑雪场、湍口温泉、浙西大峡谷等，旅游专业为临安旅游行业培养从业人员。高考改革后，昌化职高的旅游专业在规定课程的前厅客房、礼仪等教学外，新设选择性课程，包括调酒、茶艺、插花、会展，从而不断提高学生的综合职业素养。

这个专业，
全国独有

说到昌化，便会想到鸡血石。鸡血石贵为中国四大名石之一，着实为昌化添色不少，昌北有鸡血石产地，昌化有国石文化城，临安有国石文化街，与同为四大名石的福建雕和青田雕闻名遐迩，在整个国石产业链中，昌化唯独缺乏的便是鸡血石雕刻人才。

“人不学不知义，玉不琢不成器。”石头只有经过雕刻，它的附加值才能提高。昌化雕不能和鸡血石的地位相匹配，全国唯一的鸡血石雕刻专业就在这种背景下应运而生。

“冰冻三尺非一日之寒”，雕刻更需细心打磨。很多人都好奇，昌化职高是如何通过三年时间为社会输出一批雕刻人才的。程校长告诉我们，这三年，更像是为学生们打开了一扇雕刻艺术之窗，通过三年的学习，学生考取初级工艺美术员，学习期间与雕刻师傅结对，形成了一种现代的“学徒制”模式。

昌化的鸡血石销售店面以“前店后坊”的形式居多，前面做鸡血石的销售，后面就是加工雕刻的作坊。“我们把学生和这些师傅结成对，他们再通过 5 ～ 9 年的

努力，便可考取杭州市工艺美术师。”程校长说：“工艺美术师是一个技术职称，与其他专业相比考取难度较大，但通过不断努力考取省级美术师或是更高职称的时候，他们就会是一名优秀的鸡血石雕刻人才，甚至是大师。”

尺有所短，寸有所长

高考改革后，程校长敏感地觉察到新高考改革对职业教育的影响。昌化职高在整个临安地区拥有良好的声誉，在每年的招生中，录取分数都要比同类学校至少高出 15 分。此前，昌化职高的优势主要集中在文化课程上。2014 年，昌化职高高三学生参加了浙江省组织的第一次技能高考，许多学生感到不适应。

“对今后的职高学生而言，理论不再是教学的重中之重，从 2017 年开始，技能考试分数要从 150 分增加到 300 分，为的就是考查学生的技能操作能力。”这一点对程校长的冲击非常大，因此学校打破原有的规定型课程设置，增加了选择型课程。与此同时，程校长着手调整降低理论教学的比重，增加技能实训操作的课时。

程校长清醒地认识到，高考改革后的职业学校，不仅是教师传授学生知识技能的场所，更是教师自身成长的平台。程校长说：“教和学是相对的，学生在学习的同时，教师也在不断成长，这就是教学相长。”“尺有所短，寸有所长。”一个学校有价值观的认同，才能沐浴在相互包容、兼容并蓄的氛围中。

在行将结束采访时，我问及程校长维持他教育热情的动力是什么，他巧妙地将动力拆解为物理学中的“拉力”与“推力”来回答。

“一个人无论在学生时代还是走向社会，对个人、对家庭、对社会，如果缺少了一分责任感，就缺少了后面推动自己的‘推力’，这样很难大步向前；同样，我要把学校办好，得到社会的认可、家人的支持和自己的肯定，这是维持我工作的‘拉力’。所以，这两种力量维持着我不断坚持，努力将昌化职高办得更出色。”

（本文作者　谢力）

学校简介

临安市昌化职业高级中学北倚美丽的武隆山，南傍清秀的紫溪河，地处杭徽黄金旅游线中段，交通便利。学校前身是1983年创建的河桥乡初级中学附属职高班，1994年独立设置为临安市昌化职业高级中学。2010年学校被教育部评定为国家级重点中等职业学校，2015年被浙江省教育厅评定为浙江省一级中等职业学校。

学校现有教学班34个，学生1500余人，在职教职工120人。教职员工中，有杭州市黄炎培杰出校长（临安市名校长）1人、杭州市黄炎培杰出教师1人、浙江省“教学新锐”1人、杭州市教坛新秀7人、杭州市优秀教师2人、杭州市优秀班主任2人、临安市星级教师9人、临安市教坛新秀15人、临安市学科带头人3人、双师型教师58人。

近五年来，学校办学成绩得到了各级教育主管部门的充分认可，荣获了浙江省中职德育实践基地学校、浙江省绿色学校、浙江省红十字会示范学校、杭州市人民满意学校、杭州市平安示范校园、杭州市爱国卫生先进集体、杭州市红十字会示范学校、杭州市文明学校、杭州市绿色学校、杭州市依法治校示范校、杭州市中小学德育工作先进集体等荣誉称号。

后记

Houji

“解码好校长”，是杭州市中华职教社牵手腾讯大浙网推出的重点公益项目，旨在通过对杭州市职业院校好校长的采访、解码和宣传，让更多人了解、理解、支持职业教育，这与98年前中华职教社在《创立宣言书》中提出的推广职业教育一脉相承，遥相呼应。项目实施过程中，我们充分发挥中华职教社“统战性、民间性、教育性”的三性特征，利用杭州市中华职教社的有利平台，调动一切社会资源，为杭州市职业教育发展做些力所能及又责无旁贷的事。

三年中编写组走访了20所职业院校，行程几百公里，与20位职业学校校长进行了深入沟通和多次对话，了解校长的办学理念、管理风格、办学实效，实地考察了职业院校的实训场地、办学条件和校园文化，亲身体验校长们办学过程中的喜怒哀乐，用心感受校长们的职业理想和人生追求，每篇文章都数易其稿，几经打磨，既希望保持现场采访的新鲜感，也希望更多地挖掘校长们管理过程中独特的一面，增强宽度和厚度。语言上既追求通讯特写的可读性，也尽量保持严谨朴实、简练大气的风格，使其更贴近职业院校校长的气场，同时扩大受众面，为更多的人所关注和接受。

持续三年的采访分三个阶段，基本以采访一位推出一位，一月一人的节奏在腾讯大浙网——教育栏目专题刊出。由于采访深入，文风活泼，图文并茂，第一阶段的“解码好校长”一经推出，就取得了很好的反响，点击率很高，成为社会热议的焦点，也聚集了更多关注职业教育的目光。第二、第三阶段由于编写组人员的调整、经费的困难以及统筹协调等各种原因，每次采访都几经曲折，项目进展几近停滞，甚至濒临夭折。“上穷黄泉下碧落，两处茫茫皆不见”，其间艰辛与心力交瘁自不必言说。支撑采访组不断前行的除了对职业教育的感情外，更多的是被校长们感人的故事、敬业的精神所打动。

为纪念杭州市中华职业教育社成立20周年，在杭州中华职教社主任、杭州市政协副主席叶鉴铭的支持下，杭州中华职教社决定联合腾讯大浙网正式结集出版《解码好校长》。为此采编组先后召开了3次组稿、校稿会议，对20位好校长的采访稿逐一进行整理、修改和校对，对100多张照片重新进行审核和调整。同时，为了让更多人了解好校长的成长环境和办学成果，增加了学校简介和快问快答的内容。

好事多磨，三年的坚持和付出，书稿终成。通过此书，20位好校长敞开心扉，坦诚相待，他们不为人知的成长故事感动了很多关心支持职业教育的人。在此编写组对所有支持和关心此项工作的腾讯大浙网、杭州市职业教育研究室、各团体社员单位、各职业院校表示最诚挚的感谢。尽管我们“一片冰心在玉壶”，但我们也深深知道，由于时间仓促，水平有限，有更多的好校长没有被采访，有更多的好校长没有真正被描摹到位，内心深感遗憾和歉意，只能留待时间去弥补，期待将来有一天可以做更深入更全面的采访。

不忘初心，方得始终。为职业教育，我们永远在路上。此为后记。

编写组
2015年8月